Les Représentations du monde

ÉTONNANTS • CLASSIQUES

Les Représentations du monde

Présentation, choix des extraits, notes, annexes et cahier photos
par Bruno RIGOLT, *professeur de lettres*
et Arnaud SOROSINA, *professeur de philosophie*

Flammarion

Les anthologies « Humanités »
dans la collection « Étonnants Classiques »

Les Pouvoirs de la parole
Les Représentations du monde

ISBN : 978-2-0814-5189-6
ISSN : 1269-8822
N° d'édition : L.01EHRN000605.A002
Dépôt légal : juin 2019
Imprimé par BLACK PRINT (Barcelone)

SOMMAIRE

II. DÉCRIRE, FIGURER, IMAGINER

III. L'HOMME ET L'ANIMAL

PRÉSENTATION

« Il *n*'y a de vision *qu*'en perspective, de "connaissance" *que* perspectiviste. »
Friedrich Nietzsche,
Généalogie de la morale, III, § 12 [1].

Les représentations que l'homme se fait du monde et de ses semblables ont profondément différé selon les époques, les cultures et les croyances. Toute représentation est en effet **subjective**, c'est-à-dire qu'elle varie en fonction de celui qui la formule.

Ainsi, de quelle manière la découverte des cultures d'Amérique par les Européens a-t-elle modifié leur perception de l'autre dans sa différence, autant que leur regard sur leur propre civilisation ? Comment le constat que la Terre tourne autour du Soleil – et non l'inverse – a-t-il changé leur vision du cosmos ? Si notre planète n'est pas au centre de tout, quelle est alors la place de ses habitants dans l'univers ? Et parmi les occupants de la Terre, qu'est-ce qui distingue les hommes des animaux ?

Ces questionnements n'ont cessé de hanter l'Occident, de la Renaissance aux Lumières. Cette période historique, qui succède au Moyen Âge et s'achève avec la Révolution française, correspond à l'époque moderne. Deux dates sont privilégiées pour

---

1. *Généalogie de la morale*, trad. E. Blondel *et al.*, GF-Flammarion, 2002, p. 136.

marquer ses débuts : 1453 d'abord, correspondant à la chute de l'Empire byzantin après la prise de sa capitale Constantinople (l'actuel Istanbul) par les Ottomans, puis 1492, année où Christophe Colomb débarque en Amérique. Ces deux événements géopolitiques contribuent en Europe à un important renouveau des façons de concevoir et de se représenter le monde, dans ses dimensions géographique, politique, religieuse, sociale et littéraire : d'où le nom de *Renaissance*.

Les bouleversements de cette époque obligent les écrivains et les philosophes à remettre en question l'ensemble des connaissances qui leur semblaient acquises. Leurs représentations du monde changent : ils deviennent méfiants à l'encontre des préjugés* et cherchent à établir de nouveaux critères de vérité. Cette démarche se poursuit jusqu'au XVIIIe siècle, où les penseurs des Lumières s'efforcent d'ordonner les savoirs et d'employer la raison pour rendre la société plus juste. À travers leurs écrits, les auteurs des XVIe, XVIIe et XVIIIe siècles n'ont donc eu de cesse de proposer une transformation morale de l'humanité.

Découverte du monde, découverte de l'univers

Le 12 octobre 1492, Christophe Colomb (1451-1506), parti vers l'ouest dans l'intention d'établir une nouvelle route commerciale avec l'Inde, débarque sur une petite île de l'archipel des Bahamas. Le navigateur espagnol effectue en tout trois grands voyages depuis l'Europe jusqu'aux Caraïbes et prend même pied sur le continent américain, mais il est persuadé d'explorer une portion inconnue de l'Asie. C'est l'Italien Amerigo Vespucci (1454-1512) qui, semble-t-il, comprend le premier que les terres qu'il découvre à son tour appartiennent à un nouveau continent, auquel les cartographes donnent, en son honneur, le nom d'Amérique. En 1522, Fernand de Magellan (1480-1521) en apporte la preuve définitive : ce navigateur portugais a contourné l'Amérique par le sud pour accomplir, en trois ans, le premier tour du monde. Cette découverte des « Nouveaux Mondes » a eu pour conséquence la colonisation des peuples amérindiens*. Leur rencontre force pourtant les Européens à **regarder d'un œil neuf les normes* culturelles** auxquelles ils étaient habitués : leurs coutumes ne sont pas les seules possibles. Cette prise de conscience infléchit leur **ethnocentrisme***.

Au XVIe siècle également, apparaît le **modèle* héliocentrique**, selon lequel la Terre et les autres planètes de notre système tournent autour du Soleil. Il s'oppose au géocentrisme, la théorie alors admise et qui veut que le Soleil tourne autour de la Terre. L'héliocentrisme est défendu pour la première fois par l'astronome polonais Nicolas Copernic (1473-1543) dans un ouvrage paru en 1543, *Des révolutions des orbes célestes*. D'abord rejeté, ce modèle s'impose peu à peu sous l'influence du savant italien Galilée (1564-1642) et surtout de l'astronome allemand Johannes Kepler (1571-1630), qui étudie précisément la trajectoire des planètes et prouve que cette trajectoire n'a pas la forme d'un cercle mais d'une ellipse.

Ainsi, comme le souligne Alexandre Koyré (1892-1964), philosophe spécialiste des sciences : « Pour la première fois [...], la

* Les termes suivis d'un astérisque sont définis dans le lexique en fin d'ouvrage, p. 203.

conception classique d'un monde clos et hiérarchiquement ordonné, qui a dominé la pensée humaine pendant à peu près 2 000 ans, y fut attaquée au profit de celle d'un **monde ouvert**, et, sinon infini, du moins illimité et indéfiniment étendu [1]. »

Pour rendre compte au mieux de ce nouvel environnement, la cartographie se développe ; elle se perfectionne notamment grâce aux progrès de la navigation. L'amélioration des instruments (horloges, boussoles, etc.) permet de mesurer le temps et l'espace avec de plus en plus de fiabilité et de précision.

L'homme au cœur du savoir

L'héliocentrisme doit affronter les attaques de l'Église catholique. Celle-ci affirme en effet que la Terre est l'œuvre particulière de Dieu, ce qui fait d'elle le centre du monde. En développant une vision de l'univers qui s'émancipe de l'enseignement biblique et se libère de la religion, les philosophes de la Renaissance écartent Dieu et **replacent l'être humain au centre de la pensée** : c'est le sens du **mouvement humaniste**. Nul n'a résumé cette ambition mieux que l'historien Jules Michelet (1798-1874) : « [...] **la découverte du monde, la découverte de l'homme**. Le XVIe siècle, dans sa grande et légitime extension, va de Colomb à Copernic, de Copernic à Galilée, de la découverte de la terre à celle du ciel. L'homme s'y est retrouvé

1. Alexandre Koyré, « La révolution copernicienne », in René Taton (dir.), *Histoire générale des sciences*, t. II : *La Science moderne*, PUF, 1958, p. 52.

lui-même. [...] Il a sondé les bases profondes de sa nature. Il a commencé à s'asseoir dans la Justice et la Raison [1]. »

La connaissance n'est alors plus considérée comme absolue, mais perçue comme relative. L'ignorance même est préférée au dogmatisme, c'est-à-dire à l'attitude de ceux qui proclament comme vérités leurs convictions. Le **doute** triomphe : parce qu'il nous éloigne de nos préjugés*, il est considéré comme une étape nécessaire de la réflexion. Le philosophe René Descartes (1596-1650) en fait le fondement de sa démarche. Dans son *Discours de la méthode* paru en 1637, il commence par abandonner en bloc toutes ses certitudes, afin de ne plus tenir pour vraies que les affirmations qu'il aura pu prouver. Il démontre qu'il n'y a de pensée que parce qu'il existe d'abord un être qui pense...

L'expérience personnelle est ensuite valorisée par l'**empirisme** qui s'épanouit au XVIIIe siècle. Cette théorie philosophique considère que la **connaissance que nous avons des choses dérive uniquement de l'expérience**. Le philosophe écossais David Hume (1711-1776) défend cette conception dans son *Enquête sur l'entendement humain*, publiée en 1748. Il affirme que toutes nos idées proviennent de nos souvenirs ; les idées n'ont pas, pour lui, d'existence indépendante de ceux qui les pensent. L'empirisme participe au renouvellement des méthodes scientifiques : les savants cherchent à vérifier leurs thèses à l'aide d'expériences. Antoine Lavoisier (1743-1794), quand il examine des réactions chimiques, s'efforce ainsi de relever ses mesures avec beaucoup de précision. Cette rigueur fait de lui le fondateur de la chimie moderne.

---

1. Jules Michelet, *Histoire de France au XVIe siècle. Renaissance*, Chamerot, 1855.

La diffusion des idées nouvelles

Comment se transmettent ces savoirs nouveaux ? Dans le Saint Empire romain germanique [1], Johannes Gutenberg (1400-1468) invente un nouveau dispositif d'impression, en améliorant des techniques déjà maîtrisées en Asie. Il utilise des caractères mobiles en métal pour composer les textes et une encre grasse qui adhère mieux au papier. Il conçoit enfin une presse typographique, c'est-à-dire un système qui vient exercer sur chaque feuille une pression forte et régulière, pour que les mots s'impriment. En 1455, il publie une Bible qui devient le premier ouvrage imprimé en Occident.

Avec **l'invention de l'imprimerie**, l'Église perd le monopole sur l'émission des savoirs dont elle jouissait au Moyen Âge. À cette époque, en effet, c'étaient les moines copistes qui se chargeaient de reproduire les manuscrits. La Bible est désormais accessible à ceux qui savent lire, sans l'intermédiaire d'un prêtre : la Réforme protestante initiée par Martin Luther (1483-1546) dans le Saint Empire romain germanique encourage les chrétiens à se confronter directement aux textes sacrés. Les arts plastiques s'affranchissent pareillement de l'ordre ancien. Ils ne se donnent plus pour seul but de célébrer la parole divine, mais s'approprient d'autres sujets. Comme l'explique le peintre allemand Albrecht Dürer (1471-1528) dans ses traités, l'art, en tant

---

1. De 962 à 1806, le *Saint Empire romain germanique* regroupe, sur un territoire plus vaste que celui de l'Allemagne actuelle, de multiples royaumes et duchés de langue allemande.

que mode de représentation, offre un accès à la connaissance des réalités du monde.

L'imprimerie accélère la **circulation des idées** et les contacts s'accroissent autour du livre imprimé. Les centres de diffusion des connaissances et leurs émetteurs se multiplient. Le livre ne sert plus seulement de soutien à la mémoire et à la tradition, mais devient un outil de communication à part entière, permettant de dénoncer l'hypocrisie et d'interroger les mœurs. Le lien entre auteurs et lecteurs est, de surcroît, rendu plus direct par la diversification des langues dans lesquelles les textes sont rédigés. Si les écrivains s'enthousiasment pour l'étude des langues savantes, le grec et le latin, ils s'évertuent aussi à **mettre en valeur les langues vernaculaires**, celles qui sont parlées couramment dans les différents pays. Ainsi, le poète Joachim Du Bellay fait paraître en 1549 sa *Défense et illustration de la langue française*. Dans ce manifeste littéraire, il encourage les auteurs français à s'approprier avec créativité leur langue maternelle, afin d'y produire des œuvres qui lui conféreront en retour une plus grande dignité.

L'humain en question

À ce nouveau statut du livre correspond l'éclosion de nouvelles formes littéraires, qui sondent la nature humaine et scrutent nos coutumes. Le genre de l'**utopie** élabore des modèles parfaits d'organisation sociale, à partir desquels chacun peut réfléchir sur la situation actuelle de son pays. Les auteurs qui y recourent tracent de la sorte un chemin vers le progrès et nous enseignent les moyens de l'atteindre.

La **mission pédagogique se trouve au cœur du mouvement des Lumières**, qui débute dans la seconde moitié du XVIIe siècle et s'étend sur tout le XVIIIe, dit « siècle des Lumières ». C'est avec l'intention d'instruire un large public que Denis Diderot (1713-1784) et Jean Le Rond d'Alembert (1717-1783) dirigent la rédaction de l'*Encyclopédie ou Dictionnaire raisonné des sciences, des arts et des métiers*. Celle-ci paraît en vingt-huit volumes (dont onze d'illustrations) entre 1751 et 1772. Ce vaste projet vise à mettre à la disposition de chacun les dernières connaissances techniques, agricoles et scientifiques, ainsi qu'à partager des notions* philosophiques, comme la tolérance. Le transfert des savoirs doit permettre à tous les hommes de réfléchir par eux-mêmes. C'est pourquoi le philosophe allemand Emmanuel Kant (1724-1804), dans son essai *Qu'est-ce que les Lumières ?* datant de 1784, définit les Lumières comme une libération de l'être humain, grâce à laquelle il rompt les barrières intellectuelles et sociales qu'il s'était lui-même imposées par de fausses croyances.

Une telle entreprise conduit à s'interroger sur la juste place de l'homme parmi l'ensemble des êtres vivants. L'enjeu de ce rapport est noté par le philosophe Étienne Bonnot de Condillac (1714-1780) dans la préface de son *Traité des animaux* paru en 1755 : « Il serait peu curieux de savoir ce que sont les bêtes, si ce n'était pas un moyen de connaître mieux ce que nous sommes. »

Dans ses fables, où les animaux parlent, La Fontaine nous convie à une comparaison physique et morale entre hommes et bêtes. Pourtant, les philosophes peinent souvent à accorder à l'animal un statut équivalent à celui de l'être humain. René

Descartes et ses partisans élaborent la **théorie de l'« animal-machine »**, selon laquelle l'animal fonctionne à la manière d'une machine très bien conçue, sans avoir jamais besoin de recourir à la pensée. Cette hypothèse a été remise en cause par les observations scientifiques des XXe et XXIe siècles, qui ont constaté l'étendue de l'**intelligence animale**.

La question des relations entre l'homme et les autres espèces* n'en est que plus brûlante de nos jours. Quels droits l'humanité doit-elle accorder aux animaux ? À une époque où certains envisagent d'utiliser la technologie pour augmenter les capacités humaines, brouillant la frontière entre l'homme et la machine, le débat sur la nature de l'animal est aussi celui d'un humanisme que nous devons réinventer, afin d'acquérir une autre conscience de nous-mêmes.

■ **Théodore de Bry, gravure extraite de l'ouvrage *Grands Voyages, Americae pars quarta*, 1594.**
Graveur et éditeur humaniste, Théodore de Bry (1528-1598) est célèbre pour ses estampes décrivant les premières expéditions européennes dans le « Nouveau Monde » : elles ont donné des colons une image bienveillante et stéréotypée. Sur cette gravure, Colomb reçoit des présents des indigènes tandis que ses compagnons dressent une croix de bois.

I. Découverte du monde et pluralité des cultures

L'imaginaire du voyage et l'idée de la découverte de l'autre exercent une force de séduction indéniable. Mais l'exploration du monde à laquelle se livrèrent les Européens à la fin du XVe et tout au long du XVIe siècle n'avait rien de désintéressé et fut d'abord dictée par des impératifs économiques, politiques et religieux. La route des épices et de l'or motivait des navigateurs en quête d'exotisme, de richesse et de gloire. La rivalité entre l'Espagne et le Portugal nourrissait l'esprit de conquête impériale. La dimension religieuse était présente dans toutes les expéditions : au nom de Dieu, les chefs d'expédition plantaient leur drapeau et leur croix, avant de tenter parfois d'évangéliser les peuples autochtones*.

De manière tout à fait différente, de nos jours, sur une planète désormais dépourvue de *terra incognita* (en latin, « terre inconnue ») et à l'heure de la mondialisation, la rencontre de l'autre et le mélange des cultures sont devenus des étendards que l'on agite au nom de la tolérance. Les voyageurs ne se confrontent plus nécessairement à une expérience transformatrice et ils parcourent souvent le monde dans le but égoïste de, comme dit le langage commun, « s'enrichir » intellectuellement. Reflet déformé de la conquête, le tourisme nie fréquemment l'altérité, c'est-à-dire tout ce qui est autre que soi : le vacancier voudrait se sentir partout chez lui.

---

* Les termes suivis d'un astérisque sont définis dans le lexique en fin d'ouvrage, p. 203.

Dans l'un et l'autre cas, le risque est soit de détruire l'autre, soit de gommer sa différence. Ces deux écueils ont été dénoncés par les spécialistes des sciences de l'homme et, en particulier, par les ethnologues*, ces chercheurs qui étudient longuement une ou plusieurs cultures. Appréhender le monde avec justesse et poser un regard pertinent sur la conduite de l'autre ne sont pas des évidences, mais des tâches dont l'exécution est bien plus difficile qu'il y paraît. Il faut nous méfier de nos fantasmes et de nos rêves d'aventures, car la rencontre et la découverte véritables supposent une attitude humble et patiente, soit tout le contraire de l'excitation suscitée par la promesse de l'exotisme, chez celui qui cherche simplement à être diverti. De cette attirance témoignèrent, au XIXe siècle, les foires aux monstres et les zoos humains où l'on exhibait des personnes pour l'amusement du public. La curiosité de l'homme pour l'homme est donc ambiguë : si elle invite à l'ouverture d'esprit et même à l'amour, ce n'est pas non plus sans raison que la sagesse populaire la qualifie de « vilain défaut », car elle peut confiner à la cruauté.

1. Les voyageurs du « Nouveau Monde » face à la différence

L'autre fascine autant qu'il effraie : puisqu'il diffère de moi, je ne sais pas à quoi m'attendre avec lui. Cette ambivalence se vérifie dans l'attitude des voyageurs du « Nouveau Monde » qui, au XVIe siècle, partent à la conquête de territoires inconnus ; territoires à découvrir, mais aussi à exploiter. Le contact avec leurs habitants n'est ni pacifique, ni moralement neutre : les voyageurs nouent des relations économiques et commerciales avec les peuples autochtones* (Jacques Cartier, p. 21). D'autres s'embarquent comme missionnaires, c'est-à-dire comme religieux chargés de répandre la parole de Dieu. Cette démarche, qui vise à la suppression des religions déjà en place, n'empêche pas certains hommes de foi de se montrer sensibles à l'extraordinaire complexité des coutumes locales, qu'ils s'efforcent de décrire patiemment et avec bienveillance (Jean de Léry, p. 29). Cependant, aucune méthode rigoureuse pour l'analyse des sociétés humaines n'ayant encore été développée, les observations des explorateurs sont colorées par un imaginaire non scientifique : l'autre est fantasmé avant d'être connu et l'on projette sur lui des récits légendaires ou mythiques (André Thévet, p. 25). Le « Nouveau Monde », aux mers et aux terres inconnues, paraît habité par des monstres et régi par des forces obscures.

La domination espagnole sur les peuples amérindiens* suscite un débat sur le statut des vaincus : sont-ils ou non des êtres humains ? Cette controverse, qui se tient au collège San Gregorio de Valladolid en 1550 et 1551, fait date parce qu'elle illustre dramatiquement les enjeux de la confrontation à l'altérité*, entre attirance et rejet, bienveillance et discrédit (Jean-Claude Carrière, p. 33).

1. Jacques Cartier, *Voyages au Canada* (1556)

Navigateur et explorateur célèbre pour ses nombreuses contributions à la cartographie nord-américaine, le Breton Jacques Cartier (1491-1557) est également connu pour ses récits de voyage. En 1534, il accomplit pour le roi François Ier une première expédition à la recherche d'or et d'un passage vers l'Asie. À défaut de trouver la Chine, Cartier va découvrir le Canada, qu'il baptise ainsi en référence aux nombreux villages des Amérindiens* iroquois, nommés *kanata* dans leur langue. Il explore l'île de Terre-Neuve et le golfe du Saint-Laurent, dont il prend symboliquement possession au nom du roi, en plantant une croix haute de neuf mètres. L'extrait suivant décrit l'accostage de Cartier dans la baie des Chaleurs et ses premières rencontres avec le peuple des Micmacs. Il va tisser avec eux de nombreux échanges fondés sur le commerce des peaux de bête, très prisées en Europe.

[Premiers contacts avec les Amérindiens]

Le Cap de ladite terre du Sud fut nommé cap d'Espérance, à cause de l'espoir que nous avions d'y trouver un passage. Et le quatrième jour dudit mois, jour de la Saint-Martin, nous longeâmes ladite terre du Nord pour trouver un havre[1], et entrâmes dans une petite baie et anse[2] de terre, tout ouverte vers le sud, où il n'y a aucun abri du vent ; et nous la nommâmes l'anse Saint-Martin. Et nous fûmes dans ladite anse depuis le quatrième jusqu'au douzième jour de juillet. Et pendant que nous étions dans ladite anse, nous partîmes le lundi seizième, après avoir entendu la messe, avec une de nos barques, pour découvrir un cap et pointe de terre, qui était à sept ou huit lieues[3] à l'ouest de nous, pour voir comment ladite terre était orientée. Et quand nous fûmes à une demi-lieue de ladite pointe, nous aperçûmes deux bandes de sauvages, qui traversaient d'une terre à l'autre, où ils étaient plus de quarante ou cinquante barques ; et l'une des bandes de barques arrivait à ladite pointe, dont il sauta et descendit à terre un grand nombre de gens qui faisaient un grand bruit, et nous faisaient plusieurs signes pour que nous allions à terre, nous montrant des peaux sur des bâtons. Et comme nous n'avions qu'une seule barque, nous ne voulûmes point y aller, et nous nous dirigeâmes vers l'autre bande qui était en mer. Et eux, voyant que nous fuyions, équipèrent deux de leurs plus grandes barques pour venir après nous, auxquelles se joignirent cinq autres de celles qui venaient de la mer, et vinrent jusqu'auprès de notre barque, dansant et faisant plusieurs signes de joie et de vouloir notre amitié, nous disant en leur langue, *Napou tou daman assurtat*[4], et autres paroles que nous ne comprenions

1. ***Havre*** : port naturel bien abrité permettant au bateau d'accoster.
2. ***Anse*** : baie de petite taille, peu profonde.
3. La ***lieue*** est une ancienne unité de distance, équivalant à environ 4 kilomètres.
4. En micmac : « Ami, ton semblable t'aimera. »

pas. Et parce que nous n'avions, comme il a été dit, qu'une de nos barques, nous ne voulûmes pas nous fier à leurs signes, et leur fîmes signe de se retirer, ce qu'ils ne voulurent point, et ramèrent de si grande force qu'ils entourèrent incontinent [1] notre barque avec leurs sept barques. Et comme malgré les signes que nous leur faisions ils ne voulaient pas se retirer, nous leur tirâmes deux passe-volants [2] par-dessus eux. Alors ils se mirent à retourner vers ladite pointe, et firent un bruit extrêmement grand, après lequel ils commencèrent à retourner vers nous, comme avant. Et alors qu'ils étaient près de notre barque, nous leur lâchâmes deux lances à feu [3], qui passèrent parmi eux, ce qui les étonna fort, tellement qu'ils prirent la fuite en grande hâte, et ne nous suivirent plus. [...]

Le lendemain, partie desdits sauvages vint avec quelque neuf barques à la pointe et l'entrée de l'anse où étaient mouillés [4] nos navires. Et étant avertis de leur venue nous allâmes avec nos deux barques à ladite pointe et entrée, où ils étaient. Et aussitôt qu'ils nous aperçurent ils se mirent à fuir, nous faisant signe qu'ils étaient venus trafiquer [5] avec nous ; et ils nous montrèrent des peaux de peu de valeur dont ils se vêtent. Nous leur fîmes pareillement signe que nous ne leur voulions nul mal, et descendîmes deux hommes à terre, pour aller à eux, leur porter des couteaux et autres objets de fer, et un chapeau rouge pour donner à leur capitaine. Et eux, voyant cela, descendirent partie d'entre eux à terre, avec des peaux, et ils trafiquèrent ensemble ; et ils montrèrent une grande et merveilleuse joie d'avoir et de recevoir lesdits objets de fer et d'autres choses, dansant et faisant plusieurs cérémonies, en jetant de l'eau de mer sur leur tête avec leurs mains. Et ils nous donnèrent tout ce

1. ***Incontinent*** : aussitôt.
2. ***Passe-volants*** : tirs de petits canons destinés à effrayer.
3. ***Lances à feu*** : fusées lancées par un canon portatif.
4. ***Étaient mouillés*** : étaient ancrés.
5. ***Trafiquer*** : faire commerce, faire affaire.

qu'ils avaient, tellement qu'ils s'en retournèrent tout nus, sans rien avoir sur eux ; et ils nous firent signe que le lendemain ils reviendraient avec d'autres peaux. [...]

Nous vîmes que ce sont des gens qui seraient faciles à convertir, qui vont d'un lieu à l'autre, vivant et prenant du poisson au temps de la pêche, pour vivre. Leur terre est d'une chaleur plus tempérée que la terre d'Espagne, et la plus belle qu'il soit possible de voir, et aussi unie qu'un étang. Et il n'y a de petit lieu vide de bois, même sur le sable, qui ne soit plein de blé sauvage, qui a l'épi comme le seigle, et le grain comme l'avoine ; et de pois, aussi gros que si on les avait semés et labourés ; groseillers, blancs et rouges, fraisiers, framboisiers et roses rouges et blanches et autres herbes de bonne et grande odeur. Pareillement, il y a force [1] belles prairies et bonnes herbes, et étangs où il y a force saumons. J'estime fort que les gens seraient faciles à convertir à notre sainte foi. Ils appellent une hachette, en leur langue, *cochy*, et un couteau, *bacan*. Nous nommâmes ladite baie la *baie des Chaleurs*.

Jacques Cartier, *Voyages au Canada*.

Questions

1. Quel regard le voyageur européen porte-t-il sur les Amérindiens dans le texte ? En quoi la représentation des Européens et des indigènes trahit-elle les préjugés* culturels de l'explorateur ?
2. Comment interprétez-vous l'attribution d'un nom à un lieu ? Montrez que la découverte du Canada par Cartier est indissociable d'une appropriation physique et symbolique.

1. *Force* : de nombreuses (usage adverbial).

2. André Thevet, *Les Singularités de la France antarctique* (1557)

Moine franciscain[1] défroqué[2], André Thevet (1503 ou 1504-1592) a suscité un véritable scandale : autodidacte touche-à-tout, il n'est en réalité l'auteur d'aucun de ses ouvrages. Embarqué comme aumônier, c'est-à-dire comme prêtre officiant à bord, lors d'une expédition au Brésil en 1555, il n'y séjourne que deux mois, durant lesquels il est malade et alité. Il ne connaît le Brésil que par ouï-dire et d'après quelques notes de ses compagnons de voyage : c'est en réalité le médecin Mathurin Héret (1518-1585) qui rédige à sa place le manuscrit des *Singularités de la France antarctique*. Malgré cette polémique pour usurpation d'identité, l'ouvrage est considéré comme un classique de l'histoire du Brésil. Pourtant, ses considérations sur les coutumes amérindiennes* sont parfois fantaisistes, comme en témoigne l'extrait suivant, inspiré par la mythologie de la Grèce antique.

Abordement de quelques Espagnols en une contrée où ils trouvèrent des Amazones

Lesdits Espagnols firent tant par leurs journées, qu'ils arrivèrent en une contrée, où il se trouva des Amazones[3] : ce que l'on n'eût jamais estimé, parce que les historiographes[4] n'en ont fait aucune mention, pour n'avoir pas eu la connaissance de ces pays naguère[5] trouvés. Quelques-uns pourraient dire que ce ne

---

1. L'ordre religieux catholique des Franciscains est né en Italie en 1210 sous l'impulsion de François d'Assise (v. 1181-1226). Ses membres avaient pour vocation de vivre dans une grande pauvreté.
2. ***Défroqué*** : qui ne fait plus partie des hommes d'Église.
3. Dans la mythologie grecque, femmes guerrières qui se mutilaient un sein pour mieux tirer à l'arc et qui, ne tolérant pas la présence des hommes, tuaient leurs enfants mâles à la naissance ou les gardaient comme esclaves.
4. ***Historiographes*** : auteurs chargés de la rédaction de l'histoire officielle.
5. ***Naguère*** : il y a peu de temps.

sont Amazones, mais quant à moi je les estime telles, attendu qu'elles vivent tout ainsi que nous trouvons avoir vécu les Amazones de l'Asie. Et avant que passer outre, vous noterez que ces Amazones, dont nous parlons, se sont retirées, & habitent en certaines petites îles, qui leur sont comme forteresses, ayant toujours guerre perpétuelle à quelques peuples, sans autre exercice, ni plus ni moins que celles desquelles ont parlé les historiographes. Donc ces femmes belliqueuses[1] de notre Amérique, retirées & fortifiées en leurs îles, sont coutumièrement assaillies par leurs ennemis, qui vont les chercher par sus-l'eau[2] avec barques & autres vaisseaux[3], et charger à coups de flèches. Ces femmes au contraire se défendent de même, courageusement, avec menaces, hurlements, & contenances les plus épouvantables qu'il est possible. Elles font leurs remparts d'écailles de tortues, grandes en toute dimension. […] Et pour ce qu'il vient à propos de parler des Amazones, nous en écrirons quelque chose en cet endroit. Les pauvres gens ne trouvent pas grande consolation entre ces femmes tant rudes & sauvages. L'on trouve par les histoires qu'il y a eu trois sortes d'Amazones, semblables, pour le moins différentes de lieux & d'habitations. Les plus anciennes ont été en Afrique, entre lesquelles ont été les Gorgones[4], qui avaient Méduse pour Reine. Les autres Amazones ont été en Scythie[5] près le fleuve de Tanaïs : lesquelles depuis ont régné en une partie de l'Asie, près le fleuve Thermodon. Et la quatrième sorte des Amazones, sont celles desquelles nous parlons

1. ***Belliqueuses*** : aimant faire la guerre.

2. ***Par sus-l'eau*** : en se déplaçant sur l'eau, en voguant.

3. ***Vaisseaux*** : navires.

4. Dans la mythologie grecque, créatures malfaisantes dont le regard change en pierre leurs victimes.

5. Territoire du peuple antique des Scythes, qui correspond en partie à l'Ukraine actuelle.

présentement. Il y a diverses opinions pourquoi elles ont été appelées Amazones. La plus commune est, parce que ces femmes se brûlaient les mamelles en leur jeunesse, pour être plus dextres[1] à la guerre. Ce que je trouve fort étrange, & je m'en rapporterais aux médecins, si de telles parties se peuvent ainsi cruellement ôter sans mort, attendu qu'elles sont fort sensibles, joint aussi qu'elles sont proches du cœur, toutefois la meilleure part est de cette opinion. S'il en était ainsi, je pense que pour une qui évaderait la mort, il en mourrait cent. Les autres prennent l'étymologie de cette particule *A*, privative, & de *Maza*, qui signifie pain, parce qu'elles ne vivaient de pain, mais de quelques autres choses. Ce qui n'est pas moins absurde que l'autre : car l'on eût pu appeler, même de ce temps-là, plusieurs peuples vivant sans pain, Amazones : comme les Troglodytes[2], & plusieurs autres […]. Les autres de *A* privatif, & *Mazos*[3], comme celles qui ont été nourries sans lait de mamelle : ce qui est plus vraisemblable, comme est d'opinion Philostrate[4] : ou bien d'une Nymphe[5] nommée Amazonide, ou d'une autre nommée Amazone, religieuse de Diane, et reine d'Éphèse[6]. […]

Quoi qu'il en soit ces femmes sont renommées belliqueuses. […] Elles ont donc préféré l'exercice des armes, & de la chasse, à toutes autres choses. [E]lles sont séparées d'avec les hommes, & ne les fréquentent que bien rarement, comme quelquefois en secret la nuit, ou à quelque autre heure déterminée. […] Elles tuent leurs enfants mâles, incontinent après les avoir mis sur terre : ou bien elles les remettent entre les mains de

---

1. ***Dextres*** : adroites.
2. ***Troglodytes*** : êtres qui habitent dans des cavernes.
3. En grec ancien : « sein ».
4. Auteur romain du IIIe siècle, écrivant en grec.
5. ***Nymphe*** : divinité mineure de la mythologie grecque.
6. Ville grecque de l'Antiquité, située en actuelle Turquie.

celui auquel elles les pensent appartenir. Si c'est une femelle, elles la retiennent à soi, tout comme faisaient les premières Amazones.

André Thevet, *Les Singularités de la France antarctique, autrement nommée Amérique, & de plusieurs terres et îles découvertes de notre temps*, Chez les héritiers de Maurice de La Porte, 1558, p. 124-126. Orthographe modernisée.

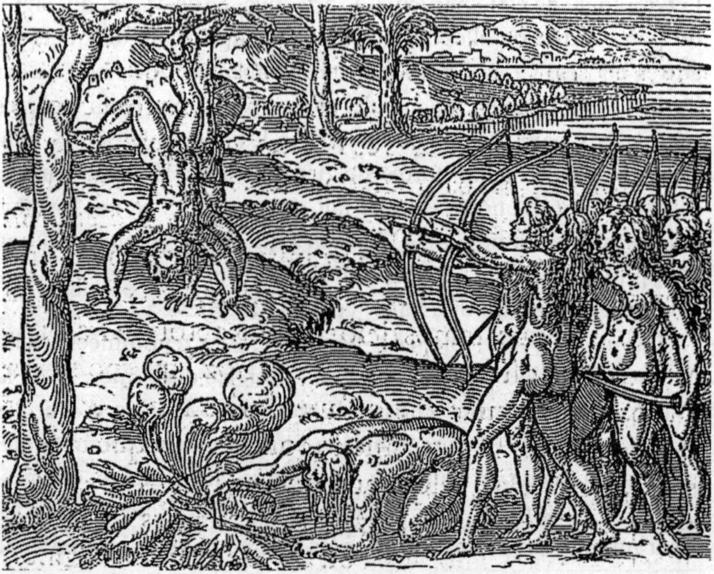

■ Jean Cousin, « Amazones exécutant leurs ennemis, pendus par les pieds », illustration extraite de l'ouvrage ***Les Singularités de la France antarctique*** d'André Thevet, 1558.

Questions

1. Montrez que le texte mêle à des réminiscences encyclopédiques renforçant la dimension instructive du témoignage toute une fiction narrative accentuant pour le lecteur l'éloignement géographique.

2. La contrée des Amazones décrite par Thevet propose une mise à l'envers d'un monde dominé par les hommes. Qu'en déduisez-vous sur la manière dont l'auteur envisage le rapport entre les femmes et le pouvoir ?

3. Comparez ce récit avec le texte de Jean de Léry (ci-après). Pourquoi la fiction semble-t-elle plus vraisemblable que le témoignage authentique ?

Exposé

Après avoir effectué une recherche sur la légende des Amazones dans la littérature antique, vous montrerez que la description de Thévet emprunte à cette mythologie.

■ 3. Jean de Léry, *Histoire d'un voyage fait en la terre du Brésil* (1578)

Humble cordonnier bourguignon[1] converti à la religion réformée de Jean Calvin[2] (1509-1564), Jean de Léry (1536-1613) participe à une expédition au Brésil de mars 1557 à janvier 1558. Publié en 1578,

1. Le nom *Jean de Léry* n'est pas noble. Il signifie « Jean, du village de Léry », situé dans le département de la Côte-d'Or.

2. Célèbre juriste et humaniste français de la Renaissance, ***Calvin*** est également un grand théologien, c'est-à-dire un spécialiste des études religieuses. Adepte des idées de Martin Luther, le fondateur du protestantisme, il est obligé de quitter la France pour Genève, en Suisse, où il devient l'un des artisans principaux de la Réforme protestante.

Histoire d'un voyage fait en la terre du Brésil retrace cet extraordinaire périple. Ce roman d'apprentissage de l'altérité* constitue un témoignage historique et ethnologique* majeur sur les coutumes des Tupinambas, qui fascinent les Européens par leur nudité et leur anthropophagie. Cet ouvrage, qui a connu du vivant de l'auteur un incroyable succès éditorial (six rééditions entre 1580 et 1611), remet en cause nombre de préjugés* occidentaux et annonce des thèmes majeurs qui seront développés sous les Lumières, notamment l'éloge de la liberté naturelle face aux oppressions et l'invention de la figure du « bon sauvage ».

[Des « sauvages » qui nous ressemblent]

[...] les sauvages de l'Amérique, habitant la terre du Brésil, nommés *Toüoupinambaoults*, avec lesquels j'ai demeuré environ un an et que j'ai fréquentés familièrement, n'étant point plus grands, plus gros, ou plus petits de stature que nous sommes en Europe, n'ont le corps ni monstrueux ni prodigieux par rapport au nôtre. Mais ils sont plus forts, plus robustes et replets [1], plus dispos [2], moins sujets aux maladies ; et il n'y en a même presque point de boiteux, de borgnes, de contrefaits [3], ni infirmes parmi eux. De plus, bien que plusieurs parviennent jusqu'à l'âge de cent ou cent vingt ans (car ils savent bien ainsi retenir et compter leur âge en lunes), il y en a peu qui en leur vieillesse aient les cheveux blancs ni gris. Choses qui montrent certainement le bon air et le bon climat de leur pays, dans lequel, comme je l'ai dit ailleurs, sans gelées ni froidures, les bois, les herbes et les champs sont toujours verdoyants, mais aussi (tous ces gens buvant vraiment à la fontaine de Jouvence [4]) le peu de soin et de souci qu'ils

---

1. ***Replets*** : qui ont de l'embonpoint, qui sont bien en chair.
2. ***Dispos*** : agiles.
3. ***Contrefaits*** : difformes.
4. Fontaine mythique du Moyen Âge, supposée rajeunir celui qui s'y plongeait.

ont des choses de ce monde. Et, de fait, comme je le montrerai encore plus amplement ensuite, ils ne puisent, en quelque façon que ce soit en ces sources fangeuses [1], ou plutôt pestilentielles [2], dont découlent tant de ruisseaux qui nous rongent les os, nous sucent la moelle, nous affaiblissent le corps, et nous consument l'esprit, bref nous empoisonnent et nous font mourir avant notre heure, à savoir la provocation, la cupidité qui en procède, les procès et les brouilles, la jalousie et l'ambition ; rien de tout cela ne les torture, ne les domine, aucune de ces passions ne les anime.

Quant à leur couleur naturelle, en raison de la région chaude où ils habitent, n'étant pas noirs, ils sont seulement basanés, comme vous le diriez des Espagnols ou des Provençaux.

Du reste, chose non moins étrange que difficile à croire pour ceux qui ne l'ont pas vue, les hommes comme les femmes et les enfants, non seulement sans cacher aucune partie de leur corps, mais aussi sans en montrer aucun signe d'en avoir honte ni vergogne [3], demeurent et vont habituellement aussi nus qu'ils sortent du ventre de leur mère. Et cependant loin s'en faut, comme quelques-uns le pensent, et d'autres veulent le faire croire, qu'ils soient velus ni couverts de leurs poils. [...]

Quant au nez, contrairement aux sages-femmes de chez nous, qui dès la naissance des enfants, afin de les leur faire plus beaux et plus grands, leur tirent avec les doigts, nos Américains faisant consister la beauté de leurs enfants en un nez fort camus [4], sitôt qu'ils sont sortis du ventre de leur mère (ainsi qu'on le fait en France aux barbets [5] et aux petits chiens) ils ont le nez écrasé et enfoncé avec le pouce. Au contraire quelqu'un d'autre raconte

---

1. ***Fangeuses*** : boueuses.
2. ***Pestilentielles*** : insalubres, dégageant une odeur nauséabonde.
3. ***Vergogne*** : pudeur, retenue.
4. ***Camus*** : court et aplati.
5. ***Barbets*** : chiens d'une race* souvent dressée pour la chasse au canard.

qu'il y a une certaine contrée du Pérou, où les Indiens ont le nez si outrageusement grand, qu'ils y mettent des émeraudes, des turquoises et d'autres pierres blanches et rouges avec filet d'or.

De plus, nos Brésiliens se bigarrent[1] souvent le corps de diverses peintures et couleurs : mais surtout ils se noircissent habituellement si bien les cuisses et les jambes, du jus d'un certain fruit qu'ils nomment *genipat*[2], que vous croiriez à les apercevoir de loin ainsi, qu'ils ont enfilé des chausses[3] de prêtre ; et cette teinture noire faite de ce fruit de *genipat* s'imprime si fortement sur leur chair, que même s'ils se mettent dans l'eau, voire qu'ils se lavent autant qu'ils veulent, ils ne peuvent l'effacer avant dix ou douze jours.

Ils ont aussi des croissants, longs de plus d'un demi-pied[4], faits d'os bien aplanis, aussi blancs que l'albâtre[5], qu'ils nomment *y-aci*, du nom de la lune, qu'ils appellent ainsi, et ils les portent quand il leur plaît, pendus à leur cou, avec un petit cordon, fait de fil de coton, et cela bat à plat sur la poitrine. [...]

Quant aux ornements de leur tête, nos *Toüoupinamkuins*, outre la couronne sur le devant, et les cheveux qui pendent derrière, dont j'ai fait mention, lient et arrangent des plumes d'ailes d'oiseaux, incarnat[6], rouges, et d'autres couleurs, dont ils s'ornent le front, d'une manière qui ressemble assez aux cheveux vrais ou faux, qu'on appelle raquettes ou ratepenades[7], que les dames et demoiselles de France, et d'autres pays d'Europe, depuis quelque temps se sont si bien appropriées ; on dirait

1. ***Se bigarrent*** : se colorent avec des couleurs contrastées.
2. ***Genipat*** : arbre tropical dont les fruits charnus sont comestibles.
3. ***Chausses*** : vêtement pour homme qui allait de la ceinture aux pieds.
4. Le ***pied*** est une unité de mesure correspondant à la longueur d'un pied humain adulte, soit environ 30 centimètres.
5. ***Albâtre*** : pierre très blanche, proche du marbre.
6. ***Incarnat*** : entre le rose et le rouge.
7. ***Raquettes***, ***ratepenades*** : noms de postiches de l'époque.

qu'elles ont pris cette invention à nos sauvages, qui appellent cette trouvaille *yempenambi*.

Jean de Léry, *Le Nouveau Monde. Histoire d'un voyage fait en la terre du Brésil*, Flammarion, coll. « Étonnants Classiques », 2016, chap. VIII, p. 46-49.

Questions

1. D'un point de vue méthodologique, quel est l'intérêt des comparaisons systématiques entre les Européens et les Brésiliens ?
2. L'ethnologue* Claude Lévi-Strauss a fait de Jean de Léry le père de sa discipline. Montrez à partir du texte que l'expérience de l'altérité est au cœur de la démarche ethnologique*.
3. En quoi la découverte de l'autre permet-elle de mieux se comprendre soi-même ?

4. Jean-Claude Carrière, *La Controverse de Valladolid* (1992)

L'horreur des massacres perpétrés par les colonisateurs espagnols à l'encontre des peuples amérindiens* donna lieu à un vaste débat politique et religieux, connu sous le nom de *controverse de Valladolid*. Organisé par l'empereur Charles Quint entre 1550 et 1551, ce débat a principalement opposé le théologien* Juan Ginés de Sépulvéda (1490-1573), partisan de la conquête et de l'asservissement des Amérindiens au nom de leur propre bien, au prêtre Bartolomé de Las Casas (1484-1566), l'un des plus fervents défenseurs des Amérindiens et auteur d'un ouvrage qui fit date : *Très brève relation de la destruction des Indes* (1552), à la fois terrible réquisitoire contre les cruautés de l'exploitation des indigènes et plaidoyer humaniste pour la tolérance. C'est cet affrontement de deux pensées que l'écrivain Jean-Claude Carrière (né en 1931) retrace dans un roman historique paru en 1992, à l'occasion du cinq-centième anniversaire de l'expédition de Christophe Colomb vers l'Amérique.

[Las Casas, porte-parole des Indiens]

SÉPULVÉDA. – Je ne nie pas leur condition humaine. Ce serait absurde. Je dis simplement qu'ils sont au plus bas étage de cette condition [1]. Au sens où Aristote l'entend. Je dis que leur ignorance et leur naïveté n'ont pas de mesure. Ils offrirent des volailles aux chevaux, car ils pensaient que les chevaux parlaient, qu'ils donnaient des conseils aux cavaliers ! Ils croyaient que les Espagnols étaient nés adultes, sans mère, avec leurs habits et leurs armes, et qu'ils étaient immortels ! Ils prenaient la croix pour un dieu ! Et la messe pour une pratique magique !

LAS CASAS. – On ne faisait rien pour les détromper.

SÉPULVÉDA. – Lorsque arrivèrent les religieux, qui eux ne demandaient pas d'or, les Indiens furent épouvantés par leur pauvreté. Ils racontaient même que les moines étaient des morts, oui, des cadavres animés, et que la nuit ils abandonnaient leurs robes pour rejoindre leurs femmes en enfer ! Et revenir au petit matin !

Sépulvéda est en train de reconquérir le terrain perdu. Mais Las Casas bondit :

LAS CASAS. – Et nous ? N'étions-nous pas naïfs et ignorants ? N'allions-nous pas chercher des sirènes et des amazones [2] ? Des hommes avec la tête dans la poitrine ? Des pygmées [3] se drapant dans les plis de leurs oreilles ? Éminence [4], le monde

---

1. ***Au plus bas étage de cette condition*** : non doués de raison. Aristote (384-322 av. J.-C.) est un philosophe grec. La capacité de raisonner caractérise pour lui la condition humaine et place l'homme au sommet de sa classification des êtres vivants. Ceux qui sont au plus bas de la condition humaine sont donc les hommes dépourvus de raison.
2. ***Amazones*** : voir note 3, p. 25.
3. ***Pygmées*** : ici, membres d'un peuple fabuleux de nains vivant près des sources du Nil.
4. ***Éminence*** : terme par lequel on interpelle un dignitaire ayant le rang de cardinal, dans l'Église catholique.

est plein de rêves et de rumeurs. Ce continent nous était inconnu. Il a grandi dans l'isolement, depuis peut-être des milliers d'années. De là nos yeux éblouis, nos visions ! La rencontre a stupéfié tout le monde.

SÉPULVÉDA. – Et savez-vous pourquoi ? Parce que rien n'était semblable ! Même les animaux, même les plantes étaient d'espèces* différentes ! Ils n'avaient ni bœuf, ni mouton ! Ni lion, ni girafe. Nous n'avions ni jaguar, ni colibri [1]. Et ainsi de suite. Pourquoi, dans deux mondes si divergents, les êtres à l'apparence humaine seraient-ils les seuls à être semblables ?

Le légat et le supérieur réfléchissent à cette habile question. Sépulvéda renchérit, à l'adresse du cardinal :

Éminence, tout indique que Dieu les a désignés à notre pouvoir. Il a attendu que notre victoire sur les Maures [2] fût complète avant de nous guider vers ces rives nouvelles. Et il a voulu nous les soumettre. Il a donné aux indigènes un esprit faible, incapable de comprendre les choses les plus simples, comme la rédemption [3] du Christ ou le pardon de la confession [4].

LAS CASAS. – C'est ce que vous appelez les choses les plus simples ?

SÉPULVÉDA . – Ils n'ont aucune activité de l'esprit, aucune idée de l'art !

LAS CASAS. – Mais je ne peux pas laisser dire ça ! Aucune activité de l'esprit ! Mais en ce moment même, à Mexico, les franciscains [5] ont ouvert un collège, où les fils des princes

---

1. ***Colibri*** : oiseau des climats tropicaux, très petit et à long bec.

2. ***Maures*** : nom donné aux Arabes ayant conquis l'Espagne au Moyen Âge.

3. ***Rédemption*** : du latin *redemptio* (« rachat ») ; pour les chrétiens, la rédemption est le rachat des péchés par le Christ sauveur.

4. À l'issue de la confession, c'est-à-dire de l'aveu des péchés, le prêtre donne l'absolution, le pardon, et inflige une pénitence, une peine destinée à expier les fautes.

5. ***Franciscains*** : voir note 1, p. 25.

aztèques[1] reçoivent notre éducation ! Et ils ont les mêmes dispositions, les mêmes résultats que les Espagnols ! Ils font même des vers latins.

SÉPULVÉDA. – Vous avez bien dit : les fils de princes. Supposez-vous que là-bas aussi existeraient des catégories supérieures ? Qu'ils ne seraient pas tous du niveau le plus bas ?

LAS CASAS. – Les autres ne sont pas admis dans nos collèges. Et vous dites aussi : aucune idée de l'art ! Comment affirmer que leur expression est très inférieure à la nôtre, sinon pour nous donner le droit de la détruire ? Car c'est ce que nous faisons, depuis le début ! Nous brûlons leurs écritures ! Nous cassons leurs statues ! Nous barbouillons leurs fresques ! Et quelle architecture ! Avant que nous abattions toutes leurs villes, Cortés[2] écrivait au roi d'Espagne qu'il n'avait rien vu d'aussi beau sur ses terres ! Il disait exactement… *(Il saisit une feuille et lit.)* « Rien de comparable en Espagne », « la plus belle chose du monde »… Et que dire de cette phrase : « Quelques-uns d'entre nous se demandaient si ce que nous voyions-là n'était pas un rêve… » Un rêve…

Jean-Claude Carrière, *La Controverse de Valladolid*,

Questions

1. Repérez les marques du registre polémique* dans le texte.

2. Sur quels arguments s'appuie la position de Las Casas à l'égard des Amérindiens ?

3. Étayez la thèse de Las Casas sur le droit à la différence et le droit des peuples à disposer d'eux-mêmes.

---

1. Peuple amérindien, les Aztèques ont bâti un vaste empire depuis la vallée de Mexico où ils se sont établis au XIVe siècle.

2. Conquérant espagnol du Mexique (1485-1547).

5. Emmanuel Kant, *Vers la paix perpétuelle* (1795)

Le philosophe allemand Emmanuel Kant (1724-1804) fut un fervent avocat des Lumières. Avec sa *Critique de la raison pure*, dont la première édition date de 1781, il fonde le criticisme, branche de la philosophie qui se consacre à déterminer la portée et les limites de nos connaissances. Dans sa *Critique de la raison pratique*, parue en 1788, il cherche à faire découler notre loi morale de principes* *a priori* (qui ne découlent pas de l'expérience). C'est aussi en vertu de sa vocation rationnelle que l'être humain doit, selon lui, instaurer la paix entre les peuples de manière permanente. Dans son projet *Vers la paix perpétuelle*, publié en 1795, cette paix a pour condition l'établissement d'un droit cosmopolitique, susceptible de s'appliquer à l'ensemble des nations et de gouverner leurs interactions, en garantissant la liberté des collectivités et des individus. L'extrait suivant provient du troisième et dernier article de ce droit cosmopolitique.

Le *droit cosmopolitique* doit se restreindre aux conditions de l'*hospitalité* universelle

Comme dans les articles précédents, il s'agit ici non de philanthropie[1], mais de *droit* ; aussi bien l'*hospitalité* (*hospitalitas*[2]) signifie le droit pour l'étranger, à son arrivée sur le territoire d'un autre, de ne pas être traité par lui en ennemi. On peut le renvoyer, si cela n'implique pas sa perte, mais aussi longtemps qu'il se tient paisiblement à sa place, on ne peut pas l'aborder en ennemi. L'étranger ne peut pas prétendre à un droit de résidence (cela exigerait un traité particulier de bienfaisance qui ferait de lui, pour un certain temps, un habitant du foyer) mais à un droit de visite : ce droit, dû à tous les hommes, est celui de se proposer

1. ***Philanthropie*** : amour désintéressé de l'humanité.
2. Terme latin.

à la société, en vertu du droit de la commune possession de la surface de la Terre, sur laquelle, puisqu'elle est sphérique, ils ne peuvent se disperser à l'infini, mais doivent finalement se supporter les uns à côté des autres et dont personne à l'origine n'a plus qu'un autre le droit d'occuper tel endroit. – Des parties inhabitées de cette surface, la mer et les déserts de sable, séparent cette communauté, d'une manière telle cependant que le *vaisseau* [1] ou le *chameau* (le *vaisseau* du désert) permettent de se rapprocher les uns des autres par-delà les contrées sans maître et d'utiliser, en vue d'un commerce possible, le droit de jouir de la surface qui appartient en commun au genre humain. L'inhospitalité des côtes maritimes (par exemple celles des barbares) qui permet de pirater les vaisseaux dans les mers voisines ou de réduire en esclavage les marins échoués, ou bien celle des déserts de sable (des Bédouins arabes) qui considèrent comme un droit de piller ceux qui s'approchent des tribus nomades, sont contraires par conséquent au droit naturel ; mais ce droit d'hospitalité, c'est-à-dire l'autorisation accordée aux arrivants étrangers, s'arrête à la *recherche* des conditions de possibilité d'un commerce avec les anciens habitants. – De cette manière, des parties du monde éloignées peuvent entrer pacifiquement en relations mutuelles, relations qui peuvent finalement devenir publiques et légales et ainsi enfin rapprocher toujours davantage le genre humain d'une constitution cosmopolitique.

Emmanuel Kant, *Vers la paix perpétuelle. Que signifie s'orienter dans la pensée ? Qu'est-ce que les Lumières ? et autres textes*, trad. J.-F. Poirier et F. Proust, GF-Flammarion, 2006, p. 93-94.

1. ***Vaisseau*** : voir note 3, p. 26.

Questions

1. D'après Kant, que doit-on accorder et qu'a-t-on le droit de refuser à un visiteur étranger ?

2. Quels arguments justifient pour l'auteur le droit d'hospitalité ?

3. Quelles actions sont visées par l'affirmation : « ce droit d'hospitalité [...] s'arrête à la recherche des conditions de possibilité d'un commerce » ?

Exposé

Identifiez les grands textes qui régissent, dans le monde, en Europe et en France, le droit de l'asile. Comparez leurs dispositions principales avec les directives énoncées par Kant.

2. Le barbare, le sauvage et le civilisé

Pour les Grecs de l'Antiquité, les barbares étaient les étrangers, ceux qui ne parlaient pas leur langue. Les peuples sédentaires, qui se sont établis en un endroit fixe, ont, en particulier, longtemps qualifié de barbares les peuples nomades qui leur paraissaient n'avoir ni loi, ni territoire établis. En revanche, l'idée de sauvagerie, même si elle connote parfois la cruauté et l'absence de justice, fait référence dans l'imaginaire à des peuples dont l'éloignement spatial serait représentatif de leur retard technique et scientifique.

Lorsque l'anthropologie* s'est constituée, au milieu du XIXe siècle, comme la discipline qui étudie les sociétés humaines, elle était encore marquée par les travaux du biologiste anglais Charles Darwin (1809-1882) sur l'évolution* des espèces*. Si bien que la diversité des cultures était parfois considérée comme le résultat de différences biologiques. L'anthropologie évolutionniste concevait ainsi le développement du genre humain comme un progrès en plusieurs stades. Selon les classifications, sauvagerie, barbarie et civilisation devenaient autant d'étapes sur le chemin menant à l'humanité véritable. C'était la théorie défendue dans l'ouvrage de l'anthropologue* états-unien Lewis Morgan (1818-1881) intitulé *La Société archaïque* (1877).

Ces mots qui servaient à qualifier une société selon son degré de développement invitaient à penser le sauvage comme non encore civilisé et encore proche de la nature, d'où le mythe du « bon sauvage » (Daniel Defoe, p. 43), ou au contraire comme un être sanguinaire et cannibale, fiction que réfute Voltaire (p. 50). Le terme *primitif*, lui, désignait un homme dont on jugeait qu'il avait à peine commencé à se civiliser. Enfin, le barbare était celui qui, tout en utilisant certaines techniques civilisées, avait renoncé à la civilisation, notamment à la morale.

Ces catégories découlaient d'une vision du développement culturel qui faisait dépendre la valeur d'une culture de sa maîtrise technique. Or ce critère d'évaluation était en fait émis par la culture qui possédait le plus haut degré de développement technologique et qui élevait cet élément isolé au rang d'étalon de mesure. C'est contre ce jugement hâtif que s'étaient déjà exprimés certains penseurs humanistes (Michel de Montaigne, p. 40), qui incitaient les lecteurs à modifier leur regard sur les autres sociétés. Les écrivains des Lumières vont plus loin et utilisent la fiction pour soumettre leur propre culture au regard curieux d'un étranger.

6. Michel de Montaigne, *Essais* (1580)

Philosophe et écrivain, Michel de Montaigne (1533-1592) s'est intéressé à presque tous les domaines de la connaissance humaine et notamment aux différentes cultures, ce qui fait de lui un précurseur des sciences de l'homme. Dans cet extrait de son essai intitulé « Des cannibales », il invite les explorateurs à ne pas tirer trop rapidement des conséquences générales de leur expérience individuelle. S'il suggère aux voyageurs de se faire ethnographes, c'est-à-dire analystes des particularités culturelles de chaque région du monde, sa démarche ne se réduit pas à cette curiosité pour le particulier, mais recouvre une ambition plus générale, relative à la nature propre, à l'essence de l'humanité. En effet, Montaigne se demande si la véritable barbarie ne se trouve pas en réalité chez celui qui croit pouvoir juger hâtivement les mœurs d'autrui.

[Que veut dire «sauvage» ?]

Il nous faudrait des topographes [1] qui nous fissent narration particulière des endroits où ils ont été. Mais, pour avoir cet avantage sur nous d'avoir vu la Palestine, ils veulent jouir de ce privilège de nous conter nouvelles de tout le demeurant [2] du monde. Je voudrais que chacun écrivît ce qu'il sait, et autant qu'il en sait, non en cela seulement, mais en tous autres sujets : car tel peut avoir quelque particulière science ou expérience de la nature d'une rivière ou d'une fontaine, qui ne sait au reste que ce que chacun sait. Il entreprendra toutefois, pour faire courir ce petit lopin [3], d'écrire toute la physique. De ce vice sourdent [4] plusieurs grandes incommodités. Or je trouve, pour revenir à mon propos, qu'il n'y a rien de barbare et de sauvage en cette nation, à ce qu'on m'en a rapporté, sinon que chacun appelle barbarie ce qui n'est pas de son usage ; comme de vrai, il semble que nous n'avons autre mire [5] de la vérité et de la raison que l'exemple et idée des opinions et usances [6] du pays où nous sommes. Là est toujours la parfaite religion, la parfaite police [7], parfait et accompli usage de toutes choses. Ils sont sauvages, de même que nous appelons sauvages les fruits que nature,

1. ***Topographes*** : spécialistes, qui, s'appuyant sur la description géographique et géologique des différents lieux, établissent des cartes et des plans.
2. ***Le demeurant*** : le reste.
3. ***Lopin*** : morceau, parcelle, en particulier de terre cultivable.
4. ***Sourdent*** : jaillissent.
5. ***Mire*** : image, perspective, point de vue.
6. ***Usances*** : coutumes, usages.
7. ***Police*** : organisation de l'État.

de soi et de son progrès ordinaire, a produits : là où, à la vérité, ce sont ceux que nous avons altérés par notre artifice et détournés de l'ordre commun, que nous devrions appeler plutôt sauvages. En ceux-là sont vives et vigoureuses les vraies et plus utiles et naturelles vertus et propriétés, lesquelles nous avons abâtardies[1] en ceux-ci, et les avons seulement accommodées au plaisir de notre goût corrompu. Et si pourtant, la saveur même et délicatesse se trouve à notre goût excellente, à l'envi des[2] nôtres, en divers fruits de ces contrées-là sans culture. Ce n'est pas raison que l'art gagne le point d'honneur sur notre grande et puissante mère nature. Nous avons tant rechargé la beauté et richesse de ses ouvrages par nos inventions, que nous l'avons du tout étouffée. Si est-ce que, partout où sa pureté reluit, elle fait une merveilleuse honte à nos vaines et frivoles entreprises [...].

Ces nations me semblent donc ainsi barbares, pour avoir reçu fort peu de façon de l'esprit humain, et être encore fort voisines de leur naïveté originelle. Les lois naturelles leur commandent encore, fort peu abâtardies par les nôtres; mais c'est en telle pureté, qu'il me prend quelque fois déplaisir de quoi la connaissance n'en soit venue plus tôt, du temps qu'il y avait des hommes qui en eussent su mieux juger que nous.

Michel de Montaigne, « Des cannibales », in *Essais*, GF-Flammarion, 1969, I, 31, p. 254-255. Orthographe modernisée.

Questions

1. Quelle tendance Montaigne dénonce-t-il chez le voyageur qui fréquente d'autres pays que le sien? Pourquoi cette tendance est-elle critiquable?

2. Expliquez : « il n'y a rien de barbare et de sauvage en cette nation, à ce qu'on m'en a rapporté, sinon que chacun appelle barbarie ce qui n'est pas de son usage ».

---

1. ***Abâtardies*** : dénaturées, altérées.
2. ***À l'envi des*** : de manière semblable aux.

3. Quel serait le rapport le plus sain entre la culture humaine et l'environnement naturel, selon l'auteur ?

■ 7. Daniel Defoe, *Robinson Crusoé* (1719)

Écrivain, journaliste, homme d'affaires et agent double, Daniel Defoe, de son vrai nom Daniel Foe (1660-1731), a mené une existence à la fois bourgeoise et aventurière. Si les événements racontés dans *Robinson Crusoé* sont fictifs, ils s'inspirent des aventures du marin écossais Alexandre Selkirk (1676-1721), qui vécut quatre ans sur l'île Mas-a-Tierra, située à six cents kilomètres des côtes chiliennes. Ce roman, qui donne naissance au genre de la robinsonnade, projection littéraire du naufrage dans un ailleurs paradisiaque, met en scène deux visions du monde. Comme l'écrit le romancier Michel Tournier, « Robinson Crusoé est l'homme de la rencontre avec Vendredi. Vendredi, c'est le Noir, le sauvage, l'homme venu d'ailleurs, l'homme du tiers-monde[1] ». L'extrait suivant souligne bien ce dualisme entre le natif Vendredi, qui illustre pour l'auteur l'idée du « bon sauvage », et l'homme blanc qui se croit doté d'un pouvoir civilisateur.

[Cannibale et « bon sauvage »]

En peu de temps je commençai à lui parler et à lui apprendre à me parler. D'abord je lui fis savoir que son nom serait Vendredi, c'était le jour où je lui avais sauvé la vie, et je l'appelai ainsi en mémoire de ce jour. Je lui enseignai également à m'appeler maître, à dire oui et non, et je lui appris ce que ces mots signifiaient. Je lui donnai ensuite du lait dans un pot de terre ;

---

1. Michel Tournier, « Discours de réponse à Thomas Owen », *Bulletin de l'Académie royale de langue et de littérature française*, 1978, t. V, n° 3-4, p. 315.

j'en bus le premier, j'y trempai mon pain et lui donnai un gâteau pour qu'il fît de même : il s'en accommoda aussitôt et me fit signe qu'il trouvait cela fort bon.

Je demeurai là toute la nuit avec lui ; mais dès que le jour parut je lui fis comprendre qu'il fallait me suivre et que je lui donnerais des vêtements ; il parut charmé de cela, car il était absolument nu. Comme nous passions par le lieu où il avait enterré les deux hommes, il me le désigna exactement et me montra les marques qu'il avait faites pour le reconnaître, en me faisant signe que nous devrions les déterrer et les manger. Là-dessus je parus fort en colère ; je lui exprimai mon horreur en faisant comme si j'allais vomir à cette pensée, et je lui enjoignis de la main de passer outre, ce qu'il fit sur-le-champ avec une grande soumission. [...]

[J]e lui mis une épée à la main, sur le dos l'arc et les flèches dont je le trouvai très adroit à se servir ; je lui donnai aussi à porter un fusil pour moi ; j'en pris deux moi-même, et nous marchâmes vers le lieu où avaient été les sauvages, car je désirais en avoir de plus amples nouvelles. Quand j'y arrivai mon sang se glaça dans mes veines, et mon cœur défaillit à un horrible spectacle. C'était vraiment chose terrible à voir, du moins pour moi, car cela ne fit rien à Vendredi. La place était couverte d'ossements humains, la terre teinte de sang ; çà et là étaient des morceaux de chair mangés à moitié, déchirés et rôtis, en un mot toutes les traces d'un festin de triomphe qu'ils avaient fait là après une victoire sur leurs ennemis. Je vis trois crânes, cinq mains, les os de trois ou quatre jambes, des os de pieds et une foule d'autres parties du corps. Vendredi me fit entendre par ses signes que les sauvages avaient amené quatre prisonniers pour les manger, que trois l'avaient été, et, en se désignant lui-même, qu'il était le quatrième ; qu'il y avait eu une grande bataille entre eux et un roi leur voisin – dont, ce semble, il était le sujet –, qu'un grand nombre de prisonniers avaient été faits et conduits en différents lieux par ceux qui les avaient pris dans la déroute, pour être mangés, ainsi que l'avaient été ceux débarqués par ces misérables.

Je commandai à Vendredi de ramasser ces crânes, ces os, ces tronçons et tout ce qui restait, de les mettre en un monceau[1] et de faire un grand feu dessus pour les réduire en cendres. Je m'aperçus qu'il avait encore un violent appétit pour cette chair, et que son naturel était encore cannibale ; mais je lui montrai tant d'horreur à cette idée, à la moindre apparence de cet appétit, qu'il n'osa pas le découvrir : car je lui avais fait parfaitement comprendre que s'il le manifestait je le tuerais.

Lorsqu'il eut fait cela, nous nous en retournâmes à notre château, et là je me mis à travailler avec mon serviteur Vendredi. Avant tout je lui donnai une paire de caleçons de toile […] : avec un léger changement, elle lui alla très bien. Je lui fabriquai ensuite une casaque[2] de peau de chèvre aussi bien que me le permit mon savoir : j'étais devenu alors un assez bon tailleur ; puis je lui donnai un bonnet très commode et assez *fashionable*, que j'avais fait avec une peau de lièvre. Il fut ainsi passablement habillé pour le moment, et on ne peut plus ravi de se voir presque aussi bien vêtu que son maître. […]

Le lendemain du jour où je vins avec lui à ma *huche*[3], je commençai à examiner où je pourrais le loger. Afin qu'il fût commodément pour lui et cependant très convenablement pour moi, je lui élevai une petite cabane dans l'espace vide entre mes deux fortifications, en dedans de la dernière et en dehors de la première. Comme il y avait là une ouverture donnant dans ma grotte, je façonnai une bonne huisserie[4] et une porte de planches que je posai dans le passage, un peu en dedans de l'entrée. Cette porte était ajustée pour ouvrir à l'intérieur. La nuit je la barrais et retirais

1. ***Monceau*** : gros tas.
2. ***Une casaque*** : un manteau à larges manches.
3. ***Ma huche*** : mon coffre ou ma cage en bois, de grande taille.
4. ***Une* […] *huisserie*** : un encadrement de porte.

aussi mes deux échelles ; de sorte que Vendredi n'aurait pu venir jusqu'à moi dans mon dernier retranchement sans faire, en grimpant, quelque bruit qui m'aurait immanquablement réveillé [...]. Quant aux armes, je les prenais toutes avec moi pendant la nuit.

Mais je n'avais pas besoin de tant de précautions, car jamais homme n'eut un serviteur plus sincère, plus aimant, plus fidèle que Vendredi. [...]

Ceci me donna souvent occasion d'observer, et avec étonnement, que si toutefois il avait plu à Dieu, dans sa sagesse et dans le gouvernement des œuvres de ses mains, de détacher un grand nombre de ses créatures du bon usage auquel sont applicables leurs facultés et les puissances de leur âme, il leur avait pourtant accordé les mêmes forces, la même raison, les mêmes affections, les mêmes sentiments d'amitié et d'obligeance, les mêmes passions, le même ressentiment pour les outrages, le même sens de gratitude, de sincérité, de fidélité, enfin toutes les capacités pour faire et recevoir le bien, qui nous ont été données à nous-mêmes ; et que, lorsqu'il plaît à Dieu de leur envoyer l'occasion d'exercer leurs facultés, ces créatures sont aussi disposées, même mieux disposées que nous, à les appliquer au bon usage pour lequel elles leur ont été départies. Je devenais parfois très mélancolique lorsque je réfléchissais au médiocre emploi que généralement nous faisons de toutes ces facultés, quoique notre intelligence soit éclairée par ce flambeau de l'instruction, l'Esprit de Dieu, et que notre entendement soit agrandi par la connaissance de sa parole. Pourquoi, me demandais-je, plaît-il à Dieu de cacher cette connaissance salutaire à tant de millions d'âmes qui, à en juger par ce pauvre sauvage, en auraient fait un meilleur usage que nous ?

Daniel Defoe, *Robinson Crusoé*, trad. P. Borel, Flammarion, coll. « Étonnants Classiques », 2000, p. 129-133.

Questions

1. Dans ce passage, le héros « civilisé » entreprend d'éduquer et d'habiller le « naturel » Vendredi. Dans quelle mesure le corps est-il un miroir social ?

2. L'opposition nature/culture est particulièrement présente dans le texte, à tel point que le corps « naturel » est montré comme « contre-nature ». Expliquez ce paradoxe.

3. Montrez que la relation entre Robinson et Vendredi est progressivement source d'un rapport interrogatif, voire critique, au monde civilisé.

Zoom sur : L'anthropologie, du préjugé à la science

L'anthropologie est la science qui étudie la diversité des cultures humaines pour réfléchir sur la nature de l'homme. Dans *Race et histoire* (1952), l'anthropologue* Claude Lévi-Strauss (1908-2009) rappelle que, pendant longtemps, faute de s'interroger sur les limites de sa vision du monde, chaque culture ne jugeait les autres qu'en fonction de ses propres valeurs. Bien souvent, les hommes ont fait coïncider les frontières de l'humanité avec celles de leur propre groupe social et ils ont considéré les étrangers comme non humains ou barbares. Ce mot qui vient du grec désignait dans l'Antiquité ceux qui parlaient une langue tenue pour incompréhensible et assimilée à un simple bruit : « bar-bar ».

Lorsque l'anthropologie s'organise en tant que science, au début des années 1870, elle cède sans s'en rendre compte à ce même préjugé. Elle pose en effet en critères de supériorité culturelle des normes* qui proviennent de la culture occidentale dont sont issus les anthropologues de l'époque. Ceux-ci, qu'ils soient français, italiens, anglais ou allemands, considèrent les cultures non européennes comme « inférieures » ou « primitives », parce qu'elles témoignent d'un moindre développement économique, technologique et scientifique. Ils interprètent ces disparités entre les sociétés comme les différentes étapes d'un « progrès » inscrit dans le temps : ils estiment que certaines cultures se trouvent encore au début du chemin dont l'aboutissement serait la civilisation sur le modèle occidental. Lévi-Strauss qualifie cette grille de lecture d'ethnocentrique*, puisque ceux qui l'adoptent font de leur propre société, qu'ils déclarent plus avancée, la référence à laquelle ils se rapportent toujours.

Cependant, tout au long du XXe siècle, les chercheurs pratiquent l'anthropologie d'immersion et résident pendant des mois, voire des années, au sein des cultures qu'ils étudient. Ils comprennent alors que ce que leurs prédécesseurs avaient évalué comme un « retard » correspond en réalité à une volonté de ne pas entrer dans une logique d'innovation et de prétendu « progrès ». Les sociétés traditionnelles ne sont pas « primitives », mais au contraire tout aussi actives que les sociétés qui ont connu la révolution industrielle. Elles investissent simplement leur énergie dans le maintien de la tradition, face aux forces contraires qui la mettraient en péril. C'est pourquoi Lévi-Strauss distingue ces sociétés, qu'il qualifie de « froides », parce qu'elles valorisent la conservation des héritages, des sociétés « chaudes », qui promeuvent les transformations historiques rapides. Cette classification ne porte aucun jugement de valeur.

8. Voltaire, *Dictionnaire philosophique* (1769)

Publié la première fois en 1764 sous le titre *Dictionnaire philosophique portatif*, cet ouvrage de Voltaire (1694-1778), ni vraiment dictionnaire, ni proprement « philosophique », a pour ambition d'offrir à un lectorat curieux et cultivé une réflexion plus accessible que les articles de l'*Encyclopédie* de Diderot et d'Alembert. Cette œuvre combattante privilégie les exemples sur les développements philosophiques, afin de toucher le lecteur au plus près. Témoin l'extrait suivant, issu de l'article « Anthropophages », très polémique* à l'encontre de ceux qui se prétendent « civilisés » et que l'auteur ravale au rang de barbares et d'assassins.

[Tous les hommes ont le sens du juste et de l'injuste]

En 1725, on amena quatre sauvages du Mississipi à Fontainebleau. J'eus l'honneur de les entretenir ; il y avait parmi eux une dame du pays, à qui je demandai si elle avait mangé des hommes. Elle me répondit très naïvement qu'elle en avait mangé. Je parus un peu scandalisé ; elle s'excusa en disant qu'il valait mieux manger son ennemi mort que de le laisser dévorer aux bêtes, et que les vainqueurs méritaient d'avoir la préférence. Nous tuons en bataille rangée ou non rangée nos voisins, et pour la plus vile récompense nous travaillons à la cuisine des corbeaux et des vers. C'est là qu'est l'horreur, c'est là qu'est le crime ; qu'importe, quand on est tué, d'être mangé par un soldat, ou par un corbeau et un chien ?

Nous respectons plus les morts que les vivants. Il aurait fallu respecter les uns et les autres. Les nations qu'on nomme policées [1] ont eu raison de ne pas mettre leurs ennemis vaincus à la broche ; car s'il était permis de manger ses voisins, on mangerait

1. ***Policées*** : civilisées.

bientôt ses compatriotes, ce qui serait un grand inconvénient pour les vertus sociales. Mais les nations policées ne l'ont pas toujours été, toutes ont été longtemps sauvages ; et dans le nombre infini de révolutions que ce globe a éprouvées, le genre humain a été tantôt nombreux, tantôt très rare. Il est arrivé aux hommes ce qui arrive aujourd'hui aux éléphants, aux lions, aux tigres, dont l'espèce* a beaucoup diminué. Dans les temps où une contrée était peu peuplée d'hommes, ils avaient peu d'arts, ils étaient chasseurs. L'habitude de se nourrir de ce qu'ils avaient tué, fit aisément qu'ils traitèrent leurs ennemis comme leurs cerfs et leurs sangliers. C'est la superstition qui a fait immoler des victimes humaines, c'est la nécessité qui les a fait manger.

Quel est le plus grand crime : ou de s'assembler pieusement pour plonger un couteau dans le cœur d'une jeune fille ornée de bandelettes à l'honneur de la Divinité, ou de manger un vilain homme qu'on a tué à son corps défendant ?

Voltaire, *Dictionnaire philosophique*,
GF-Flammarion, 2010, p. 100-102.

Questions

1. Analysez l'art de la mise en scène dans le premier paragraphe. En quoi faire parler « une dame du pays » est-il un choix habile ?
2. Repérez les marques de l'ironie voltairienne : sarcasme, exagération, antiphrase (procédé par lequel on emploie un ou plusieurs mots avec l'intention d'exprimer le contraire de ce que l'on dit).
3. Sur quels arguments s'appuie Voltaire pour justifier le cannibalisme face à la barbarie des peuples « civilisés » ? Ces arguments vous paraissent-ils tous pertinents ?

9. Denis Diderot, *Supplément au Voyage de Bougainville* (1796)

Philosophe et écrivain polygraphe (ayant écrit sur de très nombreux sujets), Denis Diderot (1713-1784) est l'un des maîtres d'œuvre de l'*Encyclopédie*. Homme des Lumières, il ne s'en méfie pas moins de la raison triomphante, celle que l'Occident cherche à imposer hors d'Europe. Dans l'exploration et la découverte, la raison est souvent le déguisement dont se revêtent des appétits économiques, politiques ou religieux. Il ne faut donc pas confondre les Lumières de la raison avec la raison du plus fort. Voilà pourquoi, dans le *Supplément au Voyage de Bougainville*, Diderot réagit au *Voyage autour du monde* de l'explorateur Louis Antoine de Bougainville (1729-1811) pour nous inviter à réfléchir sur la légitimité de notre intrusion au sein de territoires occupés par d'autres. Dans l'extrait suivant, il donne raison au vieillard tahitien et non aux Européens.

[Avertissement du vieillard aux Tahitiens]

C'est un vieillard qui parle. Il était père d'une famille nombreuse. À l'arrivée des Européens, il laissa tomber des regards de dédain sur eux, sans marquer ni étonnement, ni frayeur, ni curiosité. Ils l'abordèrent ; il leur tourna le dos et se retira dans sa cabane. Son silence et son souci ne décelaient[1] que trop sa pensée : il gémissait en lui-même sur les beaux jours de son pays éclipsés. Au départ de Bougainville, lorsque les habitants accouraient en foule sur le rivage, s'attachaient à ses vêtements, serraient ses camarades entre leurs bras, et pleuraient, ce vieillard s'avança d'un air sévère, et dit :

« Pleurez, malheureux Tahitiens ! pleurez ; mais que ce soit de l'arrivée, et non du départ de ces hommes ambitieux et

1. ***Ne décelaient*** : ne manifestaient.

méchants : un jour, vous les connaîtrez mieux. Un jour, ils reviendront, le morceau de bois que vous voyez attaché à la ceinture de celui-ci, dans une main, et le fer qui pend au côté de celui-là, dans l'autre, vous enchaîner, vous égorger ou vous assujettir[1] à leurs extravagances et à leurs vices ; un jour vous servirez sous eux, aussi corrompus, aussi vils, aussi malheureux qu'eux. Mais je me console ; je touche à la fin de ma carrière ; et la calamité que je vous annonce, je ne la verrai point. Ô Tahitiens ! ô mes amis ! vous auriez un moyen d'échapper à un funeste avenir ; mais j'aimerais mieux mourir que de vous en donner le conseil. Qu'ils s'éloignent et qu'ils vivent. »

Puis s'adressant à Bougainville, il ajouta :

« Et toi, chef des brigands qui t'obéissent, écarte promptement ton vaisseau[2] de notre rive : nous sommes innocents, nous sommes heureux ; et tu ne peux que nuire à notre bonheur. Nous suivons le pur instinct de la nature ; et tu as tenté d'effacer de nos âmes son caractère. Ici tout est à tous ; et tu nous as prêché je ne sais quelle distinction du *tien* et du *mien*. Nos filles et nos femmes nous sont communes ; tu as partagé ce privilège avec nous ; et tu es venu allumer en elles des fureurs inconnues. Elles sont devenues folles dans tes bras ; tu es devenu féroce entre les leurs. Elles ont commencé à se haïr ; vous vous êtes égorgés pour elles ; et elles nous sont revenues teintes de votre sang. Nous sommes libres ; et voilà que tu as enfoui dans notre terre le titre de notre futur esclavage. Tu n'es ni un dieu, ni un démon : qui es-tu donc, pour faire des esclaves ? Orou[3] ! toi qui entends la langue de ces hommes-là, dis-nous à tous, comme tu me l'as dit à moi-même, ce qu'ils ont écrit sur cette lame de métal : "Ce pays est à nous." Ce pays est à toi ! et pourquoi ? parce que tu y as

1. ***Assujettir à*** : imposer, en privant de liberté, une obligation pénible.
2. ***Vaisseau*** : voir note 3, p. 26.
3. Membre de la tribu tahitienne, qui peut discuter avec les Français et dialogue avec leur prêtre dans la section III du livre.

mis le pied ? Si un Tahitien débarquait un jour sur vos côtes, et qu'il gravât sur une de vos pierres ou sur l'écorce d'un de vos arbres : "Ce pays appartient aux habitants de Tahiti", qu'en penserais-tu ? Tu es le plus fort ! Et qu'est-ce que cela fait ? Lorsqu'on t'a enlevé une des méprisables bagatelles [1] dont ton bâtiment [2] est rempli, tu t'es récrié, tu t'es vengé ; et dans le même instant tu as projeté au fond de ton cœur le vol de toute une contrée ! Tu n'es pas esclave : tu souffrirais la mort plutôt que de l'être, et tu veux nous asservir ! Tu crois donc que le Tahitien ne sait pas défendre sa liberté et mourir ? Celui dont tu veux t'emparer comme de la brute, le Tahitien, est ton frère. Vous êtes deux enfants de la nature ; quel droit as-tu sur lui qu'il n'ait pas sur toi ? Tu es venu ; nous sommes-nous jetés sur ta personne ? Avons-nous pillé ton vaisseau ? T'avons-nous saisi et exposé aux flèches de nos ennemis ? T'avons-nous associé dans nos champs au travail de nos animaux ? Nous avons respecté notre image en toi. Laisse-nous nos mœurs ; elles sont plus sages et plus honnêtes que les tiennes ; nous ne voulons point troquer ce que tu appelles notre ignorance, contre tes inutiles lumières. »

Denis Diderot, *Supplément au Voyage de Bougainville*,
Flammarion, coll. « Étonnants Classiques »,
2006, p. 42-44.

Questions

1. Pourquoi le vieillard met-il en garde les Tahitiens ?

2. Quels sont les arguments du vieillard pour blâmer l'intrusion de Bougainville et de ses camarades ?

3. Quelles sont les deux conceptions du droit qui s'opposent ici ?

---

1. ***Bagatelles*** : objets de faible valeur.
2. ***Bâtiment*** : navire.

3. Voir et concevoir : du monde clos à l'univers infini

La manière dont l'homme se perçoit est étroitement liée à celle dont il envisage le monde qui l'entoure et sa place en son sein. Voilà pourquoi la démonstration de l'héliocentrisme au XVIe siècle est un épisode majeur de l'histoire européenne, qui suscita tant de résistances. Puisque le système du monde médiéval plaçait l'être humain au centre de l'univers et Dieu au-dessus du monde des créatures, le sens de l'existence humaine était garanti par la structure pyramidale qui conduisait de la matière inerte à Dieu en passant par les bêtes et les hommes. En démontrant, grâce aux avancées scientifiques, que tout ne tourne pas autour de la Terre des hommes, Nicolas Copernic (p. 56) bouleverse cette représentation réconfortante. Si notre planète ne se trouve pas au centre de l'univers, rien n'indique qu'elle soit plus importante que les autres astres. L'homme n'est plus au centre du monde. De surcroît, les astronomes de la Renaissance théorisent, au lieu du monde clos et rassurant que l'Église médiévale avait placé au-dessus de l'humanité, un univers infini, inconnu et angoissant.

Cela explique en partie pourquoi ce qui s'appelle la « révolution copernicienne* » mit tant de temps à s'imposer. Le philosophe Giordano Bruno (p. 58) se vit ainsi condamné au bûcher pour avoir osé se faire le porte-parole de certaines thèses coperniciennes, en défendant notamment l'infinité de l'univers. Et Galilée (p. 63) dut plier le genou devant l'Église et renier ses convictions coperniciennes – lançant, selon la légende, en guise d'imprécation au moment de se soumettre : « E pur si muove ! » (« Et pourtant elle tourne ! »). Toutefois, au XVIIe siècle, les mentalités commencent à changer. On se prend à rêver de voyages dans la Lune et sur d'autres astres, sous l'inspiration notamment de Cyrano de Bergerac (p. 68).

10. Nicolas Copernic, *Commentariolus* (1514)

Chanoine [1], médecin, mathématicien et astronome polonais de génie, Nicolas Copernic (1473-1543) est mondialement célèbre pour avoir développé la théorie de l'héliocentrisme. Il est fortement influencé par les représentations du système solaire développées à la fin du VIe siècle av. J.-C par le philosophe grec Pythagore, dont les élèves ont été les premiers à affirmer, sans le prouver, que la Terre n'est pas au centre de l'univers. Copernic commence dès 1512 à rédiger son livre le plus important, *Des révolutions des orbes* [2] *célestes*, publié à Nuremberg, ville du Saint Empire romain germanique [3], en 1543. Il y démontre que la Terre tourne sur elle-même et autour du Soleil, opinion considérée comme contraire à la Bible. Le *Commentariolus* en est une sorte de court premier jet, qui circula de main en main. Les travaux de Copernic ont modifié en profondeur l'épistémologie, c'est-à-dire la discipline qui réfléchit de manière critique sur les méthodes et l'histoire des sciences. La portée scientifique et philosophique de cette mutation a constitué un véritable tournant dans la culture européenne, à tel point que l'on a même parlé de « révolution copernicienne* ».

[« Le centre de la Terre n'est pas le centre du monde »]

PREMIER POSTULAT

Il n'y a pas un centre unique pour tous les orbes ou sphères célestes.

DEUXIÈME POSTULAT

Le centre de la Terre n'est pas le centre du monde, mais seulement le centre des graves [4] et le centre de l'orbe lunaire.

---

1. ***Chanoine*** : dignitaire attaché au service d'une église.
2. ***Orbes*** : trajectoires circulaires.
3. ***Saint Empire romain germanique*** : voir note 1, p. 14.
4. ***Graves*** : corps lourds, attirés par la pesanteur. Copernic écrit plus d'un siècle avant Isaac Newton (1642-1727), qui théorise le phénomène de la gravitation.

TROISIÈME POSTULAT

Tous les orbes entourent le Soleil qui se trouve pour ainsi dire au milieu d'eux tous, et c'est pourquoi le centre du monde est au voisinage du Soleil.

QUATRIÈME POSTULAT

Le rapport de la distance du Soleil à la Terre vis-à-vis de la hauteur de la sphère des étoiles est plus petit que le rapport du rayon de la Terre à la distance entre le Soleil et la Terre, au point que la distance du Soleil à la Terre est imperceptible en comparaison de la hauteur de la sphère des étoiles.

CINQUIÈME POSTULAT

Tout mouvement qui paraît appartenir à la sphère des étoiles ne provient pas d'elle, mais de la Terre. La Terre, donc, avec les éléments tout proches, accomplit d'un mouvement diurne une révolution complète, autour de ses pôles fixes, tandis que demeure immobile la sphère des étoiles ou ciel ultime.

SIXIÈME POSTULAT

Les mouvements qui nous paraissent appartenir au Soleil ne proviennent pas de lui, mais de la Terre et de notre orbe, avec lequel nous effectuons des révolutions autour du Soleil comme n'importe quelle autre planète. Ainsi donc la Terre est entraînée par plusieurs mouvements.

SEPTIÈME POSTULAT

Les mouvements rétrograde [1] et direct qui se manifestent dans le cas des planètes ne proviennent pas de celles-ci, mais de la

1. ***Mouvement rétrograde*** : mouvement qui va en arrière. Parce que l'orbite de la Terre autour du Soleil est plus courte que celle de Mars, la trajectoire

Terre. Le mouvement de la Terre seule suffit donc à expliquer un nombre considérable d'irrégularités apparentes dans le ciel.

Henri Hugonnard-Roche, *Introduction à l'astronomie de Copernic. Le « Commentariolus » de Copernic. « La Narratio prima » de Rheticus*, traduction française et commentaire par Henri Hugonnard-Roche, en collaboration avec E. Rosen et J.-P. Verdet, © Librairie A. Blanchard, 1975, p. 72-73. www.blanchard75.fr

Questions

1. La démonstration de Copernic n'est pas un simple changement de système explicatif de l'univers. Montrez qu'elle vise à remettre en cause une vision globale du monde.

2. Au XXIe siècle, quelle pourrait être, selon vous, la future « révolution copernicienne » ?

11. Giordano Bruno, *Le Banquet des Cendres* (1584)

Tragique destin que celui de Giordano Bruno (1548-1600), frère dominicain[1] et philosophe italien brûlé vif par l'Inquisition[2] le 16 février 1600 à Rome, pour avoir cherché à démontrer, en contradiction avec les Écritures saintes, la cause du mouvement de la Terre et de l'immobilité du firmament. Humaniste majeur de la Renais-

de cette dernière dans notre ciel semble parfois reculer. Ce mouvement apparent était connu de longue date mais difficile à expliquer pour les astronomes avant le modèle héliocentrique.

1. Religieux de l'Église catholique, les Dominicains vivent en communauté et appartiennent à l'ordre des Prêcheurs, fondé par saint Dominique (v. 1170-1221).

2. L'***Inquisition*** est un tribunal religieux créé au XIIe siècle par l'Église catholique. Placé sous l'autorité du pape, ce tribunal était chargé de veiller à la pureté de la foi et de traquer les hérétiques.

sance, libre penseur et grand voyageur à travers l'Europe, Bruno a cherché tout au long de sa vie à exercer sa raison critique pour faire triompher la connaissance humaine. Tel est l'objet du *Banquet des Cendres*, compte rendu d'un échange avec deux docteurs de l'université d'Oxford en Angleterre, le 14 février 1584, mercredi des Cendres [1], dans lequel Bruno, qui tient le rôle de Teofilo, expose sa conception de l'univers.

[Notre univers est sans limite]

TEOFILO. – Il est invraisemblable, dit ensuite Nundinio [2], que la terre soit en mouvement, puisqu'elle est le centre et le milieu de l'univers ; centre qui doit être le fondement fixe et stable de tout mouvement. Le Nolain [3] répondit que le même discours peut être tenu par quiconque considère le soleil comme le milieu de l'univers et, par conséquent, comme un corps immobile et fixe : telle est l'opinion de Copernic et de beaucoup d'autres qui ont assigné à l'univers la limite d'une circonférence. De sorte que l'argument de Nundinio (si toutefois c'est un argument) ne vaut rien contre eux, et n'est qu'une pétition de principe [4]. L'argument ne vaut rien non plus contre le Nolain, selon qui le monde est infini : aucun corps ne s'y trouve dont on puisse dire dans l'absolu qu'il occupe une position médiane, ou extrême, ou intermédiaire

---

1. Le ***mercredi des Cendres***, lendemain du Mardi gras, est pour les catholiques un jour de pénitence qui marque le début du jeûne du Carême. Cette appellation *mercredi des Cendres* a été donnée en souvenir de la Bible : « car tu es poussière, et tu retourneras dans la poussière » (Genèse, trad. L. Segond).

2. Nundinio, comme Torquato plus loin dans le texte, représente les docteurs de l'université d'Oxford qui se sont attaqués aux idées de G. Bruno.

3. Le Nolain est un porte-parole des idées de G. Bruno, comme Teofilo. Tous trois sont en fait le même personnage.

4. ***Pétition de principe*** : mauvais raisonnement, dans lequel on présuppose ce que l'on doit démontrer.

entre ces deux termes ; on ne peut le dire que relativement à d'autres corps et à d'autres termes appréhendés à cet effet.

SMITHO. – Que vous en semble ?

TEOFILO. – La remarque est très profonde. Car de même qu'aucun corps naturel ne s'est avéré absolument rond, ni par conséquent doté d'un centre dans l'absolu, de même parmi les mouvements sensibles et physiques que nous observons dans les corps naturels, il n'en est aucun qui ne s'écarte beaucoup du mouvement absolument circulaire et régulier autour d'un centre – en dépit des efforts de ceux dont l'imagination colmate[1] et rebouche les orbites irrégulières ou les différences de diamètre, en inventant assez d'emplâtres[2] et de recettes pour soigner la nature, – jusqu'à ce qu'elle se mette au service du maître Aristote, ou de quelque autre, pour conclure que tout mouvement est continu et régulier autour du centre. Mais nous qui prêtons attention non pas aux ombres de l'imagination, mais aux choses mêmes, nous qui considérons un corps aérien, éthéré[3], spirituel, liquide, un vaste réservoir de mouvement et de repos, immense même et infini – il nous faut au moins l'affirmer, puisque ni les sens ni la raison ne nous en font voir la fin, nous savons avec certitude qu'étant l'effet et le produit d'une cause infinie et d'un principe* infini, il doit être infiniment infini quant à sa capacité physique et quant à son mode d'être. Et je suis certain que Nundinio, non plus que ceux qui exercent le magistère de l'entendement[4], ne pourra jamais établir (fût-ce avec une demi-probabilité) que notre univers corporel ait une limite, et

1. ***Colmate*** : bouche, en général une fissure.

2. ***Emplâtres*** : pâtes médicinales que l'on applique sur des plaies.

3. ***Éthéré*** : constitué d'éther, une substance très légère dont on pensait qu'elle remplissait l'espace de l'univers.

4. ***Le magistère de l'entendement*** : l'enseignement de la raison.

que par conséquent les astres contenus dans son espace soient en nombre fini. Ni que cet univers connaisse un centre et milieu naturellement déterminé.

SMITHO. – Nundinio a-t-il alors ajouté quelque chose ? A-t-il présenté quelque argument, ou quelque conjecture[1] vraisemblable, qui permette d'inférer[2] : premièrement que l'univers est fini ; deuxièmement, que la terre en occupe le centre ; troisièmement, que ce centre est totalement immobile et dépourvu de mouvement local ?

TEOFILO. – En homme qui, lorsqu'il affirme, affirme par foi et par habitude, et qui lorsqu'il nie, nie par refus de l'inhabituel et du nouveau – comportement ordinaire de ceux qui réfléchissent peu et ne maîtrisent pas plus leurs démarches rationnelles que leurs actes naturels –, Nundinio demeura stupide et hébété[3], comme on peut l'être devant une soudaine et fantastique apparition. Et comme il était un peu plus discret et moins suffisant[4] que son compagnon, il garda le silence, sans remplacer par des mots les arguments qu'il ne pouvait fournir.

FRULLA. – Tout autre est le docteur Torquato qui, à tort ou à raison, au nom de Dieu ou du diable, veut toujours en découdre ; lors même qu'il n'a plus de bouclier pour se défendre ni d'épée pour attaquer, je veux dire quand il est à court de répliques et d'arguments, il décoche les coups de pied de la rage, aiguise les ongles de la diatribe[5], fait grincer les dents de l'injure, déploie la gorge des clameurs, pour empêcher l'expression des arguments contraires et leur interdire

---

1. ***Conjecture*** : hypothèse.
2. ***Inférer*** : déduire.
3. ***Hébété*** : abruti par un choc.
4. ***Suffisant*** : prétentieux, vaniteux.
5. ***Diatribe*** : violente critique.

d'atteindre les oreilles de l'assistance : c'est ce que j'ai entendu dire.

Giordano Bruno, *Le Banquet des Cendres*, trad. Y. Hersant,

Questions

1. Giordano Bruno, par l'intermédiaire du philosophe Teofilo, réfute la position d'Aristote, pour qui l'univers est clos et tourne autour de la Terre qui en est le centre immobile. Sur quels arguments s'appuie sa démonstration ?

2. Comment sont caricaturés les deux docteurs de l'université d'Oxford, Nundinio et Torquato ? Qu'en déduisez-vous sur le registre utilisé ?

3. Pourquoi Giordano Bruno a-t-il choisi la forme du dialogue pour exposer ses idées ? Dans votre réponse, vous montrerez l'intérêt de la multiplication des points de vue.

■ 12. Galilée, *Dialogue sur les deux grands systèmes du monde* (1632)

Galileo Galilei (1564-1642), dit Galilée en France, est un physicien, mathématicien et astronome connu pour avoir défendu le modèle* héliocentrique de l'astronome Nicolas Copernic (1473-1543) avant de devoir abjurer (renoncer publiquement à sa conviction) sous la pression de l'Église. Au Moyen Âge, les hommes d'Église suivent le modèle géocentrique hérité d'Aristote, qui stipule que la Terre est immobile et que c'est la sphère des étoiles qui tourne autour d'elle. C'est ce modèle que Galilée invalide dans son *Dialogue sur les deux grands systèmes du monde* : il lui oppose l'héliocentrisme de Copernic. S'appuyant sur les lois du mouvement, déduites de l'observation, Galilée utilise un porte-parole, Salviati, pour convaincre Simplicio, représentant l'école aristotélicienne*, de la validité des thèses coperniciennes. Pour cela, il invite à distinguer mouvement relatif et mouvement absolu, montrant que le repos et le mouvement ne sont pas des catégories de description valables en elles-mêmes, mais toujours dépendantes du point de vue selon lequel on considère un objet.

[Comprendre le mouvement de la Terre grâce à l'exemple du navire]

SALVIATI est le porte-parole de Galilée,
SAGREDO est un candide[1],
SIMPLICIO est le tenant de l'autre tradition (aristotélicienne) qui considère la terre comme le centre de l'univers.

SALVIATI. – Considérons d'abord simplement l'immense masse que constitue la sphère étoilée comparée à la petitesse du

1. ***Candide*** : innocent. Ici, dépourvu de connaissances et de préjugés* à l'égard des thèses défendues.

globe terrestre, qui y est contenu plusieurs millions de fois, pensons en outre quelle vitesse doit avoir son mouvement de révolution complète en un jour et une nuit ; pour ma part, je ne puis me persuader que ce soit plus raisonnable et facile à croire : la sphère céleste ferait le tour et le globe terrestre resterait immobile !

SAGREDO. – […] celui qui jugerait plus raisonnable de faire mouvoir tout l'univers afin de maintenir la stabilité de la Terre me paraîtrait plus déraisonnable encore que l'homme qui, montant au sommet de votre Coupole [1] pour donner un coup d'œil à la ville et à sa campagne, exigerait alors, pour ne pas se fatiguer en tournant la tête, qu'on fasse tourner tout le paysage autour de lui. […]

SALVIATI. – […] le mouvement est mouvement et agit comme mouvement, en tant qu'il est en relation avec des choses qui en sont privées ; mais, pour ce qui concerne les choses qui y participent toutes également, il n'agit nullement et il est comme s'il n'était pas. Ainsi, les marchandises dont un navire est chargé se meuvent en tant que, quittant Venise, elles passent par Corfou, par la Crète [2], par Chypre [3] et vont à Alep [4] ; lesquels Venise, Corfou, Crète, etc., demeurent et ne se meuvent pas avec le navire ; mais pour ce qui concerne les balles [5], caisses et autres colis dont le navire est rempli et chargé, et respectivement au navire lui-même, le mouvement de Venise en Syrie est comme nul et ne modifie en rien la relation qui existe entre eux ; cela, parce qu'il est commun à eux tous et que tous y participent. Et si, parmi les marchandises

1. Le dialogue se déroulant à Venise, il s'agit ici de la coupole de la basilique Saint-Marc.

2. ***Corfou, Crète*** : îles grecques, situées respectivement à l'ouest et au sud-est de la Grèce continentale.

3. ***Chypre*** : île (et aujourd'hui pays) de la Méditerranée orientale.

4. ***Alep***: ville située en Syrie actuelle.

5. ***Balles*** : paquets de marchandises.

qui se trouvent dans le navire, une des balles s'écartait d'une caisse – ne serait-ce que d'un seul pouce – cela constituerait pour elle un mouvement plus grand, relativement à la caisse, que le voyage de deux milles miles[1] fait par elles ensemble.

SIMPLICIO. – Cette doctrine* est bonne, solide et conforme à l'école des péripatéticiens[2].

SALVIATI. – Je la tiens pour plus ancienne ; je ne doute pas qu'Aristote qui l'a apprise à bonne école, ne l'ait entièrement comprise ; mais je me demande si en la retranscrivant sous forme altérée, il n'est pas à l'origine d'une confusion transmise par ceux qui veulent soutenir chacun de ses propos. Quand il écrit que tout ce qui se meut se meut sur quelque chose d'immobile, je me demande s'il n'a pas voulu dire que ce qui se meut se meut respectivement à quelque chose d'immobile, cette dernière proposition ne soulevant aucune difficulté, alors que la première en soulève beaucoup… Il est donc manifeste que le mouvement qui se trouve commun à plusieurs mobiles est oiseux[3] et comme nul s'agissant des relations entre ces mobiles, parce que rien ne change entre eux ; il n'agit que sur la relation que ces mobiles entretiennent avec d'autres qui sont privés de mouvement, leurs positions au sein de ces derniers se trouvant changées. […]

SIMPLICIO. – Il y a par ailleurs l'expérience si caractéristique de la pierre qu'on lance du haut d'un mât du navire : quand le navire est au repos, elle tombe au pied du mât ; quand le navire est en route, elle tombe à une distance égale à celle dont le navire a avancé pendant le temps de la chute de la

---

1. Le ***mile*** marin est une unité de distance, qui équivaut aujourd'hui à 1852 mètres.

2. ***Péripatétitiens*** : élèves d'Aristote (du grec *péripatétikos*, « qui aime se promener », car Aristote enseignait en marchant).

3. ***Oiseux*** : qui ne fait rien, qui ne sert à rien, qui est sans intérêt.

pierre ; et cela fait un bon nombre de coudées[1] quand la course du navire est rapide. […]

SALVIATI. – […] Vous dites : quand le navire est à l'arrêt, la pierre tombe au pied du mât, et quand le navire est en mouvement, elle tombe loin du pied ; inversement donc, quand la pierre tombe au pied du mât, on en conclut que le navire est à l'arrêt, et quand elle tombe loin du mât, on en conclut que le navire est en mouvement ; comme ce qui arrive sur le navire doit également arriver sur la Terre, dès lors que la pierre tombe au pied de la tour, on en conclut nécessairement que le globe terrestre est immobile. […] Avez-vous jamais fait l'expérience du navire ?

SIMPLICIO. – Je ne l'ai pas faite mais je crois vraiment que les auteurs qui la présentent en ont soigneusement fait l'observation […].

SALVIATI. – […] et il trouvera en effet que l'expérience montre le contraire de ce qui est écrit : la pierre tombe au même endroit du navire, que celui-ci soit à l'arrêt ou avance à n'importe quelle vitesse.

[…] Enfermez-vous avec un ami dans la plus vaste cabine d'un grand navire et faites en sorte que s'y trouvent également des mouches, des papillons et d'autres petits animaux volants, qu'y soit disposé un grand récipient empli d'eau dans lequel on aura mis des petits poissons ; suspendez également à bonne hauteur un petit seau et disposez-le de manière que l'eau se déverse goutte à goutte dans un autre récipient à col étroit que vous aurez disposé en dessous ; puis alors que le navire est à l'arrêt, observez attentivement comment ces petits animaux volent avec des vitesses égales quel que soit l'endroit de la cabine vers lequel ils se dirigent ; […] si vous lancez quelque objet à votre ami, vous ne devrez pas fournir un effort plus

1. La *coudée* est une ancienne unité de longueur correspondant à la distance entre le coude et le bout des doigts chez un adulte, soit environ 50 centimètres.

important selon que vous le lancerez dans telle ou telle direction, à condition que les distances soient égales ; et si vous sautez à pieds joints, comme on dit, vous franchirez des espaces semblables dans toutes les directions. [...] Faites se déplacer le navire à une vitesse aussi grande que vous voudrez ; pourvu que le mouvement soit uniforme et ne fluctue pas deci de-là, vous n'observerez aucun changement dans les effets nommés, et aucun d'entre eux ne vous permettra de savoir si le navire avance ou bien s'il est arrêté : si vous sautez, vous franchirez sur le plancher les mêmes distances qu'auparavant et, si le navire se déplace, vous n'en ferez pas pour autant des sauts plus grands vers la poupe [1] que vers la proue [2], bien que, pendant que vous êtes dans l'air, le plancher qui est en dessous ait glissé dans la direction opposée à celle de votre saut ; si vous jetiez quelque objet à votre ami, il ne faudra pas le lancer avec plus de force pour qu'il lui parvienne, que votre ami se trouve vers la proue et vous vers la poupe ou que ce soit le contraire ; [...] enfin les papillons et les mouches continueront à voler indifféremment dans toutes les directions. Et on ne les verra jamais s'accumuler du côté de la cloison qui fait face à la poupe, ce qui ne manquerait pas d'arriver s'ils devaient s'épuiser à suivre le navire dans sa course rapide.

Galileo Galilei (Galilée), *Dialogue sur les deux grands systèmes du monde*, *« Sources du savoir »*, © Éditions du Seuil, 1992, pour la traduction française, coll. « Points Sciences », 2000.

Questions

1. De quoi s'étonne Salviati au début du texte ? Expliquez l'analogie qu'ajoute Sagredo pour faire comprendre son argument.
2. Recherchez et rappelez la distinction entre mouvement relatif et mouvement absolu. En vous appuyant sur l'exemple du navire

---

1. ***Poupe*** : arrière du navire.
2. ***Proue*** : avant du navire.

chargé de marchandises, expliquez quelle confusion est introduite par Aristote, d'après Salviati.
3. Que prouvent les observations énumérées à la fin du texte ?

13. Cyrano de Bergerac, *L'Autre Monde ou les États et Empires de la Lune* (1657)

Immortalisé par le dramaturge Edmond Rostand en 1897 dans la pièce de théâtre qui porte son nom, Cyrano de Bergerac (1619-1655) est un écrivain à qui son panache et son indépendance d'esprit valurent d'être souvent condamné par la critique. Bagarreur, duelliste redoutable et soldat valeureux au service de Louis XIII, il abandonna la carrière militaire à la suite de blessures de guerre pour se lancer dans une œuvre littéraire variée, allant de la tragédie à la philosophie. Mais c'est surtout par sa verve burlesque et satirique que Cyrano est resté célèbre. Considéré comme un texte précurseur de la science-fiction, *L'Autre Monde* s'articule en deux volets, parus de manière posthume : *Histoire comique des États et Empires de la Lune* et *Histoire comique des États et Empires du Soleil*. Dans l'extrait suivant, la fantaisie cède le pas à la science lorsque le narrateur, ayant raté son premier envol vers la Lune, retombe au Canada : s'ensuit un dialogue philosophique sur l'héliocentrisme, la pluralité des mondes et l'infinité de l'univers.

[Du monde clos à l'univers infini]

« Monsieur, lui répondis-je, la plupart des hommes, qui ne jugent que par les sens, se sont laissé persuader à leurs yeux ; et de même que celui dont le vaisseau[1] navigue terre à terre croit demeurer immobile, et que le rivage chemine, ainsi les hommes tournant avec la terre autour du ciel, ont cru que c'était le ciel

1. *Vaisseau* : voir note 3, p. 26.

lui-même qui tournait autour d'eux. Ajoutez à cela l'orgueil insupportable des humains, qui leur persuade que la nature n'a été faite que pour eux ; comme s'il était vraisemblable que le soleil, un grand corps, quatre cent trente-quatre fois plus vaste que la terre, n'eût été allumé que pour mûrir ses nèfles[1], et pommer[2] ses choux. Quant à moi, bien loin de consentir à l'insolence de ces brutaux, je crois que les planètes sont des mondes autour du soleil, et que les étoiles fixes sont aussi des soleils qui ont des planètes autour d'eux, c'est-à-dire des mondes que nous ne voyons pas d'ici à cause de leur petitesse, et parce que leur lumière empruntée[3] ne saurait venir jusqu'à nous. Car comment, en bonne foi, s'imaginer que ces globes si spacieux ne soient que de grandes campagnes désertes, et que le nôtre, à cause que nous y rampons, une douzaine de glorieux coquins, ait été bâti pour commander à tous ? Quoi ! parce que le soleil compasse[4] nos jours et nos années, est-ce à dire pour cela qu'il n'ait été construit qu'afin que nous ne cognions pas de la tête contre les murs ? Non, non, si ce Dieu visible éclaire l'homme, c'est par accident, comme le flambeau du roi éclaire par accident au crocheteur qui passe par la rue.

– Mais, me dit-il, si comme vous assurez, les étoiles fixes sont autant de soleils, on pourrait conclure de là que le monde serait infini, puisqu'il est vraisemblable que les peuples de ces mondes qui sont autour d'une étoile fixe que vous prenez pour un soleil découvrent encore au-dessus d'eux d'autres étoiles fixes que nous ne saurions apercevoir d'ici, et qu'il en va éternellement de cette sorte.

– N'en doutez point, lui répliquai-je ; comme Dieu a pu faire l'âme immortelle, il a pu faire le monde infini, s'il est vrai que l'éternité n'est rien autre chose qu'une durée sans bornes, et l'infini une

---

1. ***Nèfles*** : fruits comestibles du néflier.

2. ***Pommer*** : développer des feuilles serrées, en forme de pomme.

3. ***Lumière empruntée*** : lumière émise indirectement par les planètes qui réfléchissent les rayons de leur soleil.

4. ***Compasse*** : mesure, comme avec un compas.

étendue sans limites. Et puis Dieu serait fini lui-même, supposé que le monde ne fût pas infini, puisqu'il ne pourrait pas être où il n'y aurait rien, et qu'il ne pourrait accroître la grandeur du monde, qu'il n'ajoutât quelque chose à sa propre étendue, commençant d'être où il n'était pas auparavant. Il faut donc croire que comme nous voyons d'ici Saturne et Jupiter, si nous étions dans l'un ou dans l'autre, nous découvririons beaucoup de mondes que nous n'apercevons pas d'ici, et que l'univers est éternellement construit de cette sorte.

– Ma foi ! me répliqua-t-il, vous avez beau dire, je ne saurais du tout comprendre cet infini.

– Hé ! dites-moi, lui dis-je, comprenez-vous mieux le rien qui est au-delà ? Point du tout. Quand vous songez à ce néant, vous vous l'imaginez tout au moins comme du vent, comme de l'air, et cela est quelque chose ; mais l'infini, si vous ne le comprenez en général, vous le concevez au moins par parties, car il n'est pas difficile de se figurer de la terre, du feu, de l'eau, de l'air, des astres, des cieux. Or, l'infini n'est rien qu'une tissure sans bornes de tout cela. »

Cyrano de Bergerac, *Voyage dans la Lune. L'Autre Monde ou les États et Empires de la Lune*, GF-Flammarion, 1970, p. 37-38.

Questions

1. Étudiez la structure du dialogue dans ce texte. Comment s'y prend l'auteur pour faire adhérer le lecteur à ses thèses ?

2. Quels aspects de ce roman, qui apparaissent à la lecture de cet extrait, le rendent provocateur et subversif ?

Exposés

1. Mettez en relation ce texte avec les *Entretiens sur la pluralité des mondes* de Fontenelle et *Micromégas* de Voltaire.

2. En vous aidant de l'exposition virtuelle proposée par la BNF [1], faites une recherche sur la pluralité des mondes.

---

1. expositions.bnf.fr/ciel/arretsur/monde/mondes/index.htm

Zoom sur : Atlas et portulans, les origines de la cartographie

Afin de découvrir de nouvelles routes maritimes pour le commerce, les navigateurs italiens, originaires surtout de Gênes et de Venise, ont utilisé aux XIIIe et XIVe siècles des manuels d'instruction nautique auxquels on a donné le nom de *portulans* – ce terme vient de l'italien *portolino* (« pilote »). Ces portulans, parfois adaptés de cartes arabes, étaient d'abord destinés aux marins qui naviguaient le long des côtes de la Méditerranée. Ils signalaient les rivages dangereux, décrivaient les ports et fournissaient des renseignements relatifs aux vents, aux courants, à la position des étoiles, etc.

Les cartes des portulans étaient dessinées durant leurs voyages par les marins eux-mêmes, qui relevaient leur position au compas, instrument de mesure permettant de se situer par rapport au nord indiqué par un aimant. Ces cartes n'étaient guère précises : la déformation des tracés était fréquente. Mais elles ont largement contribué à faire progresser la connaissance des mers, des océans et du pourtour des continents, à une époque où était encore répandue la croyance erronée selon laquelle la Terre serait plate.

Au cours du XIVe siècle, les cartographes espagnols, en provenance principalement de la région de Catalogne et de l'île de Majorque, élaborèrent des atlas somptueux et d'une grande précision. Puis la découverte du « Nouveau Monde » par l'Espagnol Christophe Colomb (1451-1506), le Portugais Fernand de Magellan (vers 1480-1521) et l'Italien Amerigo Vespucci (1454-1512) suscita un développement considérable des cartes nautiques. En 1569, le géographe flamand Gérard Mercator (1512-1594) mit au point la projection qui porte son nom et qui rend compte de la courbure de la Terre sur une carte plane. Les appareils de mesure de l'espace, boussoles et compas, se modernisèrent pour permettre une représentation cartographique plus proche de la réalité.

Très richement enluminés, les atlas et les portulans n'étaient pas seulement réservés aux navigateurs. Ils ornaient aussi les bibliothèques de princes ou de riches amateurs, avides de découvertes et surtout de conquêtes maritimes. Au temps des explorateurs succéda celui des *conquistadores* (« conquérants », en espagnol et en portugais) : il fut alors question de partage du monde et de constitution des empires...

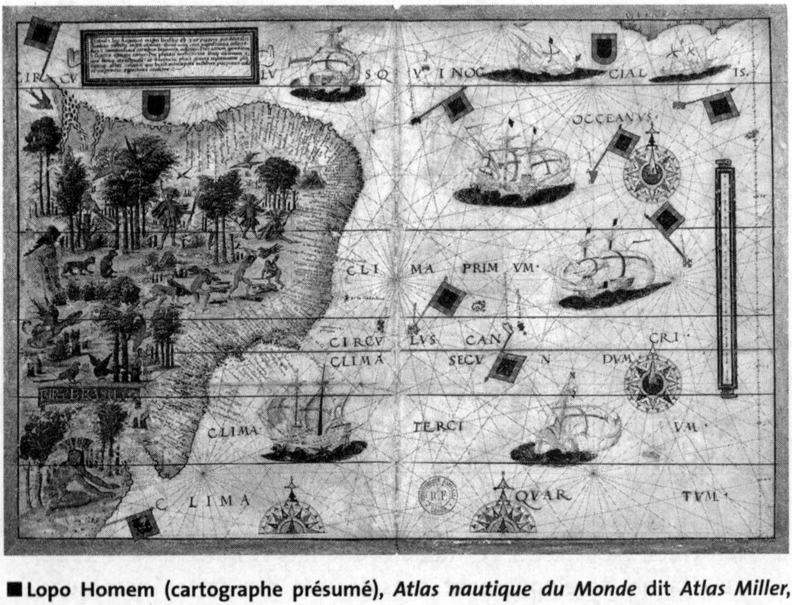

■ **Lopo Homem (cartographe présumé), *Atlas nautique du Monde* dit *Atlas Miller*, 1519.**

Réputés dans toute l'Europe pour leur apport à la géographie nautique de la Renaissance, les cartographes portugais ont contribué à étendre l'influence de leur pays au Brésil.

Prolongements

À lire

– Aristote, *Physique*, trad. P. Pellegrin, GF-Flammarion, 2000.
Dans ce livre fondamental, le philosophe grec Aristote expose une conception du mouvement et de l'univers qui a fait son chemin jusque dans la pensée médiévale. C'est contre la conception aristotélicienne* de la physique que Nicolas Copernic, Galilée et Giordano Bruno défendirent l'héliocentrisme.

– Bartolomé de Las Casas, *Très brève relation de la destruction des Indes*, première édition 1552, La Découverte, coll. « La Découverte Poche / Littérature et voyages », 2004.
Religieux catholique, Bartolomé de Las Casas est le premier à dénoncer les atrocités commises au nom de la foi. Un témoignage bouleversant contre l'évangélisation forcée des peuples d'Amérique du Sud et leur extermination par les conquérants espagnols, mais aussi un ouvrage essentiel pour comprendre ce qu'a été la violence coloniale.

– Paul Claudel, *Le Livre de Christophe Colomb*, première édition 1933, Gallimard, coll. « Folio théâtre », 2005.
Dans cette œuvre novatrice, le poète et dramaturge Paul Claudel imagine les ombres qui hantent la conscience de Christophe Colomb. Créé à Berlin le 30 juin 1930, ce drame puissant et complexe, mêlant musique et théâtre, pose la question de la conquête coloniale entreprise par les conquistadores. Lisez plus particulièrement le tableau 4 de la 2e partie : « La conscience de Christophe Colomb ».

– Michel Tournier, *Vendredi ou la Vie sauvage*, première édition 1977, Gallimard, coll. « Folio Junior », 2007.
Un roman d'aventure désormais classique et facile de lecture. L'histoire renverse complètement le mythe de Robinson Crusoé, puisque « ce n'est plus Robinson qui apprend la civilisation à Vendredi, c'est Vendredi qui apprend la vie sauvage à Robinson » (Tournier). Il n'y a plus un dominant et un dominé mais deux égaux, deux frères. Une très belle histoire d'amitié et un hymne à la nature.

– Ayroles et Masbou, *De cape et de crocs*, Delcourt, 1995-, 12 volumes parus.
Cette série de bandes dessinées s'inspire des codes des romans de cape et d'épée pour jouer librement avec eux. Elle reprend l'univers imaginaire de Cyrano de Bergerac, tout en mettant en scène des personnages animaux et humains. Écriture rocambolesque et pleine d'humour.
– Patrick Chamoiseau, *L'Empreinte à Crusoé*, première édition 2012, Gallimard, coll. « Folio », 2013.
Écrivain français d'origine martiniquaise, Patrick Chamoiseau interroge dans son œuvre notre rapport à l'autre. Il imagine dans ce récit une incroyable histoire : après vingt ans de solitude dans son île déserte, Robinson découvre lors d'une promenade sur la plage une empreinte de pas. Il s'élance alors à la recherche de cet Autre, recherche qui s'apparentera à une véritable quête de soi...

À voir

– Ridley Scott, *1492. Christophe Colomb*, France, Espagne, Royaume-Uni, 1992.
Sorti à l'occasion des cinq cents ans de la première expédition de Christophe Colomb, le film retrace les efforts obstinés de l'explorateur pour convaincre de l'intérêt de son entreprise et s'intéresse à sa psychologie. Son sous-titre anglais, *Conquest of Paradise*, soit « Conquête du paradis », invite à réfléchir sur les ambitions et les espoirs des colons européens.
– Jean-Daniel Verhaeghe, *La Controverse de Valladolid*, France, 1992.
Ce téléfilm adapte le livre du même nom de Jean-Claude Carrière, paru également en 1992. Il met en scène le débat organisé en 1550 et 1551 par l'empereur Charles Quint sur la manière dont les Espagnols devaient traiter les peuples colonisés d'Amérique du Sud.

II. Décrire, figurer, imaginer

À la lumière de ce qui précède, il apparaît que décrire le monde avec objectivité n'a rien d'une évidence. L'écrivain reste le fils de son temps, dont il subit l'influence. Philosophe ou littérateur, il est attaché, avant de donner libre cours à son imagination, aux règles d'écriture et aux habitudes de pensée qui constituent la norme* de son époque. Pourtant, de l'humanisme renaissant à la période des Lumières, les tentatives se multiplient pour se libérer des préjugés* et exercer son jugement critique.

La narration et la manière de représenter le monde renouvellent alors leur méthode et leurs outils. Du XIIIe au XVIe siècle, on assiste à une codification progressive des langues européennes. La langue de quelques grands auteurs sert de référence : en italien, le poète Dante Alighieri (1265-1321), en allemand, le traducteur de la Bible et fondateur du protestantisme Martin Luther (1483-1546). Cette stabilisation des langues a un impact considérable sur la fixation des règles d'écriture et, par conséquent, du champ littéraire. Entre le XVe et le XVIIe siècle, les traités théoriques se font ainsi de plus en plus nombreux. L'Académie française, fondée en 1635, encadre pareillement l'usage de la langue.

Un même mouvement s'observe dans le domaine des arts plastiques, avec la création de l'Académie royale de sculpture et de peinture (1648-1793). Les deux domaines, pictural et littéraire, ont en effet été jumelés de longue date par les théoriciens, comme le rappelle l'adage classique : « *ut pictura poesis* » (en latin, « qu'il en aille en poésie comme dans la peinture »). C'est à l'origine une citation du poète latin Horace (65-8 av. J.-C.) qui, dans son *Art poétique*, pose

la peinture en modèle pour la poésie. Écrire, c'est en quelque sorte peindre, dépeindre avec des mots.
Quel que soit le support artistique choisi, l'imaginaire y est un moyen de mieux comprendre la réalité. Si l'imagination nous éloigne temporairement du réel, c'est uniquement dans le but de nous encourager à le transformer. La fiction permet d'expérimenter, en nous projetant par exemple dans des systèmes politiques différents du nôtre. C'est ce que propose le genre littéraire de l'utopie, qui élabore des modèles d'organisation sociale pour réfléchir sur notre situation actuelle, ou celui de la dystopie, qui, à l'inverse, invente des contre-modèles.

1. Comment apprendre à former son jugement ?

Apprendre à former son jugement, c'est le principe même de la philosophie, depuis le philosophe grec Socrate (v. 470-399 av. J.-C.). Les messages parfois contradictoires que nous transmettent nos cinq sens, les illusions d'optique et les préjugés* mis en échec : tout cela nous rappelle que l'erreur nous guette. Alors comment faire pour être sûr de bien penser ? Cette question intéresse tous les philosophes, du Grec Platon (v. 428-v. 348 av. J.-C.), élève de Socrate qui retranscrit dans ses dialogues l'enseignement de son maître, à l'Allemand Emmanuel Kant (1724-1804), en passant par René Descartes (1596-1650).
Néanmoins, ce sont également des questions que posent et traitent à leur manière les écrivains et tout spécialement les moralistes, qui réfléchissent sur le comportement humain et formulent à son propos des jugements moraux. Ils recourent à une pédagogie qui emploie parfois le registre comique, ou bien qui s'efforce au contraire de marquer l'esprit des lecteurs par son sérieux. Les humanistes, pour leur part, convoquent des ressorts humoristiques de toutes sortes, y compris des plaisanteries sur l'ivresse, et n'hésitent

pas à être grossiers, pour s'attirer la sympathie du lecteur et mieux le convaincre (François Rabelais, p. 77).
Juger le monde et les autres permet, par contrecoup, de se juger aussi soi-même et d'exercer son sens critique à son propre endroit. Il ne s'agit pas nécessairement d'une introspection fondée sur l'examen intérieur, mais d'une aptitude à se distancer des normes* et des conventions sociales dont notre pensée est alourdie. C'est précisément ce qu'entreprend de faire Montesquieu dans les *Lettres persanes* (p. 83), en invitant les Occidentaux à se regarder à travers l'œil de ceux qu'ils considèrent comme « exotiques ». Le lecteur comprend ainsi qu'il est toujours lui-même l'étranger de quelqu'un. Dans une veine semblable, Marivaux (p. 85), au début du XVIIIe siècle, médite sur les enjeux de pouvoir entre maîtres et valets et sur le caractère arbitraire de notre soumission à ceux qui dominent la hiérarchie sociale.

14. François Rabelais, *Gargantua* (1534)

Rédigé en 1534, le prologue du roman *Gargantua* donne son sens à l'humanisme tel que le conçoit François Rabelais (1483 ou 1494-1553) : pour lui en effet, « rire est le propre de l'homme ». L'auteur (sous le pseudonyme d'Alcofribas) attire d'abord l'attention du lecteur par une comparaison surprenante : Socrate (v. 470-399 av. J.-C.), l'un des philosophes les plus respectés de l'Antiquité grecque, est comparé à des silènes, petites boîtes à l'extérieur grossier, mais qui renferment de véritables trésors. Ce raisonnement permet à Rabelais d'indiquer la démarche qu'il va suivre tout au long de son roman. De même que Socrate était très laid mais possédait une immense sagesse, de même derrière l'aspect grotesque et carnavalesque des aventures de Gargantua, il faut chercher ce que Rabelais appelle la « substantifique[1] moelle », c'est-à-dire une leçon de

1. ***Substantifique*** : très riche en contenu.

sagesse. Ainsi le rire est-il porteur de valeurs : une intention sérieuse et un sens profond se cachent derrière des apparences comiques.

Prologue de l'auteur

Buveurs très illustres, et vous vérolés [1] très précieux (car c'est à vous et non à d'autres que sont dédiés mes écrits), Alcibiade, dans le dialogue de Platon intitulé *Le Banquet* [2], faisant la louange de son précepteur [3] Socrate, sans conteste prince des philosophes, le déclara, entre autres propos, semblable aux silènes. Les silènes étaient jadis de petites boîtes comme celles que nous voyons aujourd'hui dans les boutiques des apothicaires [4], peintes sur le dessus de figures joyeuses et frivoles, telles que harpies, satyres [5], oisons bridés [6], lièvres cornus, canes bâtées [7], boucs volants, cerfs harnachés, et autres semblables peintures inventées par fantaisie pour inciter le monde à rire. Tel fut Silène, le maître du bon Bacchus [8]. Mais au-dedans l'on y conservait de fines drogues comme le baume, l'ambre gris, l'amome [9], le musc [10], la civette [11], les pierreries, et autres choses précieuses. Tel était Socrate, selon

---

1. ***Vérolés*** : atteints de la vérole (ou syphilis), une maladie sexuellement transmissible.
2. *Le Banquet* est un dialogue dans lequel le philosophe grec Platon (v. 428-v. 348 av. J.-C.) met en scène son maître Socrate débattant de ce qu'est l'amour avec plusieurs de ses élèves, dont Alcibiade.
3. ***Précepteur*** : enseignant.
4. ***Apothicaires*** : pharmaciens.
5. Les ***harpies***, mi-femmes mi-oiseaux, et les ***satyres***, mi-hommes mi-boucs, sont des figures de la mythologie grecque.
6. ***Bridés*** : à qui on a passé une bride pour les diriger.
7. ***Bâtées*** : sur le dos desquelles on a posé un bât pour attacher une charge.
8. Dans la mythologie gréco-romaine, ***Silène*** est le père adoptif de ***Bacchus*** (Dionysos pour les Grecs), dieu de l'ivresse.
9. ***Amome*** : plante aromatique ou médicinale qui exige un climat chaud, comme le gingembre et la cardamome.
10. ***Musc*** : liquide odorant produit par certains mammifères.
11. ***Civette*** : substance odorante produite par le mammifère du même nom.

Alcibiade : car en voyant son physique et en le jugeant d'après son apparence extérieure, on n'en aurait pas donné une pelure d'oignon, tant il était laid de corps et ridicule d'allure, le nez pointu, le regard d'un taureau, le visage d'un fou, simple de mœurs, rustique en vêtements, pauvre sans fortune, malheureux en amour, inapte en tout office de la république, toujours riant, toujours buvant à tous et à chacun, toujours se moquant, toujours dissimulant son divin savoir. Mais ouvrant cette boîte, vous auriez au-dedans trouvé une céleste et inestimable drogue, un entendement plus qu'humain, une vertu merveilleuse, un courage invincible, une sobriété sans pareille, un contentement certain, une assurance parfaite, un mépris incroyable de tout ce pour quoi les humains perdent le sommeil, courent, travaillent, naviguent et bataillent tant.

À quelle fin, à votre avis, tend ce prélude et coup d'essai ? Pour éviter que vous, mes bons disciples [1], et quelques autres fous oisifs, en lisant les joyeux titres de certains livres de notre invention comme *Gargantua*, *Pantagruel*, *Fessepinte*, *La Dignité des braguettes*, *Des pois au lard (avec commentaire)* [2], etc., vous ne jugiez trop facilement qu'il n'y serait au-dedans traité que de moqueries, folâtreries, et mensonges joyeux – vu que l'enseigne extérieure (c'est le titre), si l'on ne va pas chercher plus loin, est communément entendue comme dérision et facétie. Mais il ne convient pas d'estimer avec une telle légèreté les œuvres des humains. Car vous dites vous-mêmes que l'habit ne fait pas le moine ; un tel qui sera vêtu d'un habit monacal [3] ne sera au-dedans rien moins qu'un moine, tel autre vêtu d'une cape espagnole n'a pas le courage propre à l'Espagne. C'est pourquoi il faut ouvrir le livre, et soigneusement peser ce qui y est exposé. Alors vous comprendrez que

---

1. ***Disciples*** : élèves, partisans.
2. Rabelais mêle des titres réels (*Gargantua* et *Pantagruel*) à des titres imaginaires et comiques.
3. ***Monacal*** : de moine.

la drogue contenue dedans est d'une bien autre valeur que ne le promettait la boîte. C'est-à-dire que les matières ici traitées ne sont pas aussi folâtres que le titre au-dessus le prétendait.

[...]

N'avez-vous jamais débouché de bouteilles ? Nom d'un chien ! Rappelez-vous la contenance que vous aviez. Mais n'avez-vous jamais vu un chien rencontrant quelqu'os à moelle ? C'est, comme dit Platon au livre II de *La République*[1], la bête du monde la plus philosophe. Si vous l'avez vu, vous avez pu remarquer avec quelle dévotion il guette son os, avec quel soin il le garde, en quelle ferveur il le tient, avec quelle prudence il l'entame, avec quelle passion il le brise, avec quelle application il le suce. Qui le pousse à faire cela ? Quel espoir guide un tel travail ? À quel bien prétend-il ? À rien de plus qu'un peu de moelle. [...]. À l'exemple de ce chien, il vous convient d'avoir la sagesse de flairer, sentir et estimer ces beaux livres de haute graisse, légers à l'approche et hardis à la rencontre ; puis par une lecture minutieuse et une méditation assidue, de rompre l'os et sucer la substantifique moelle [...].

François Rabelais, *Gargantua*,
translation moderne de M. Marrache-Gouraud,
GF-Flammarion, 2016, p. 39-43.

Questions

1. En vous aidant du zoom « Catalogues, encyclopédies et cabinets de curiosités » (p. 128), montrez que la description des silènes répond à l'esthétique des cabinets de curiosités.

2. Comment est construit le portrait de Socrate ? Sur quelles figures de style l'auteur s'appuie-t-il ?

3. D'après ce texte, que pouvez-vous dire de l'idéal humaniste de culture et de sagesse ?

1. *La République* est un ouvrage de Platon qui réfléchit à l'organisation d'un État juste.

15. Madame de Sévigné, « Lettre à Pomponne » (1664)

Marie de Rabutin-Chantal, marquise de Sévigné (1626-1696), s'est illustrée dans les salons littéraires de son temps par le brio de sa conversation. Elle a également laissé derrière elle une volumineuse correspondance (plus d'un millier de lettres lui sont attribuées), principalement adressée à sa fille, mais aussi à ses amis et connaissances. Elle y retranscrit ses émotions et ses humeurs, y dépeint les scènes de la vie mondaine auxquelles elle assiste, y raconte des anecdotes sur la cour qui lui ont été rapportées. Ces lettres privées n'étaient pas destinées à la publication ; mais leur style et leur esprit fascinèrent tant qu'elles furent peu à peu éditées en recueil durant le XVIIIe siècle. L'extrait suivant provient d'un courrier datant du 1er décembre 1664 et destiné à Simon Arnault de Pomponne, qui était, comme Mme de Sévigné, l'ami de Nicolas Fouquet (1615-1680). Ce dernier avait été le surintendant des Finances de Louis XIV, soit le plus haut responsable en charge de la collecte des impôts du royaume, avant d'être arrêté sur ordre du roi et accusé d'avoir détourné à son profit une partie de l'argent récolté. Son procès est encore en cours au moment où écrit Mme de Sévigné.

[Mésaventure d'un flatteur]

Il faut que je vous compte une petite historiette, qui est très vraie, et qui vous divertira. Le Roi se mêle depuis peu de faire des vers ; MM. de Saint-Aignan et Dangeau[1] lui apprennent comment il faut s'y prendre. Il fit l'autre jour un petit madrigal[2], que lui-même ne trouva pas trop joli. Un matin, il dit au maréchal[3] de Gramont : « Monsieur le maréchal, je vous prie, lisez ce

1. François Honorat de Beauvillier, duc de ***Saint-Aignan*** (1607-1687) fut membre de l'Académie française ; Philippe de Courcillon de ***Dangeau*** (1638-1720) est l'auteur de *Mémoires*.

2. ***Madrigal*** : court poème formulant un trait d'esprit et, souvent, un compliment adressé à une femme.

3. Le titre de ***maréchal*** correspond à un haut grade de l'armée.

petit madrigal, et voyez si vous en avez jamais vu un si impertinent[1]. Parce qu'on sait que depuis peu j'aime les vers, on m'en apporte de toutes les façons. » Le maréchal, après avoir lu, dit au Roi : « Sire, Votre Majesté juge divinement bien de toutes choses : il est vrai que voilà le plus sot et le plus ridicule madrigal que j'aie jamais lu. » Le Roi se mit à rire, et lui dit : « N'est-il pas vrai que celui qui l'a fait est bien fat[2] ? – Sire, il n'y a pas moyen de lui donner un autre nom. – Oh bien ! dit le Roi, je suis ravi que vous m'en ayez parlé si bonnement[3] ; c'est moi qui l'ai fait. – Ah ! Sire, quelle trahison ! Que Votre Majesté me le rende ; je l'ai lu brusquement. – Non, Monsieur le maréchal : les premiers sentiments sont toujours les plus naturels. » Le Roi a fort ri de cette folie, et tout le monde trouve que voilà la plus cruelle petite chose que l'on puisse faire à un vieux courtisan. Pour moi, qui aime toujours à faire des réflexions, je voudrais que le Roi en fît là-dessus, et qu'il jugeât par là combien il est loin de jamais connaître la vérité.

Madame de Sévigné, *Lettres*, Flammarion,
coll. « Étonnants classiques », 2007, p. 47.

Questions

1. Qu'est-ce qui apparente cette anecdote à une scène de comédie ?

2. Montrez que le roi, puis Mme de Sévigné, se comportent en moralistes*. Quel est l'effet de cette double instance de jugement ?

3. Comment le rapport de pouvoir entre le roi et ses sujets se met-il ici en travers de la vérité ?

---

1. ***Impertinent*** : qui n'est pas pertinent, qui est dénué de sens.
2. ***Fat*** : stupide mais content de lui.
3. ***Si bonnement*** : avec autant de franchise.

16. Montesquieu, *Lettres persanes* (1721)

La pensée de Charles Louis de Secondat, baron de Montesquieu (1689-1755), est l'héritière des moralistes* du XVIIe siècle et notamment de La Bruyère, auteur des *Caractères*. Mais elle annonce également, par son aspect réformateur, une nouvelle conscience critique, caractéristique de la philosophie des Lumières. Publié anonymement à Cologne en 1721, le roman épistolaire *Lettres persanes* met en scène Usbek et Rica, deux Persans qui, depuis Paris, échangent des lettres avec leurs amis restés en Perse. Le choix de héros persans correspond à la mode orientaliste de l'époque et à sa fascination pour l'Asie, mais le regard faussement naïf des héros sur nos mœurs permet à Montesquieu d'entreprendre une satire radicale de l'Occident. Témoin cette lettre XXX, où la légèreté de l'anecdote et le masque de la dérision laissent la place à un sévère réquisitoire contre l'ethnocentrisme* d'une société obsédée par le paraître et les apparences.

[« C'est une chose bien extraordinaire ! Comment peut-on être Persan ? »]

Rica au même, à Smyrne[1]

Les habitants de Paris sont d'une curiosité qui va jusqu'à l'extravagance. Lorsque j'arrivai, je fus regardé comme si j'avais été envoyé du ciel : vieillards, hommes, femmes, enfants, tous voulaient me voir. Si je sortais, tout le monde se mettait aux fenêtres ; si j'étais aux Tuileries[2], je voyais aussitôt un cercle se former autour de moi ; les femmes mêmes faisaient un arc-en-ciel nuancé de mille couleurs, qui m'entourait ; si j'étais aux spectacles, je trouvais d'abord cent lorgnettes[3] dressées contre ma

---

1. Aujourd'hui Izmir, ville de l'actuelle Turquie.

2. Ancien palais des rois de France, situé à Paris, près du Louvre.

3. ***Lorgnettes*** : petites jumelles.

figure : enfin jamais homme n'a tant été vu que moi. Je souriais quelquefois d'entendre des gens qui n'étaient presque jamais sortis de leur chambre, qui disaient entre eux : « Il faut avouer qu'il a l'air bien persan. » Chose admirable ! je trouvais de mes portraits partout ; je me voyais multiplié dans toutes les boutiques, sur toutes les cheminées, tant on craignait de ne m'avoir pas assez vu.

Tant d'honneurs ne laissent pas d'être à charge : je ne me croyais pas un homme si curieux et si rare ; et, quoique j'aie très bonne opinion de moi, je ne me serais jamais imaginé que je dusse troubler le repos d'une grande ville où je n'étais point connu. Cela me fit résoudre à quitter l'habit persan et à en endosser un à l'européenne, pour voir s'il resterait encore dans ma physionomie[1] quelque chose d'admirable. Cet essai me fit connaître ce que je valais réellement : libre de tous les ornements étrangers, je me vis apprécié au plus juste. J'eus sujet de me plaindre de mon tailleur, qui m'avait fait perdre en un instant l'attention et l'estime publique : car j'entrai tout à coup dans un néant[2] affreux. Je demeurais quelquefois une heure dans une compagnie sans qu'on m'eût regardé, et qu'on m'eût mis en occasion d'ouvrir la bouche. Mais, si quelqu'un, par hasard, apprenait à la compagnie que j'étais Persan, j'entendais aussitôt autour de moi un bourdonnement : « Ah ! ah ! Monsieur est Persan ? c'est une chose bien extraordinaire ! Comment peut-on être Persan ? »

De Paris, le 6 de la lune de Chalval [décembre] 1712.

Montesquieu, *Lettres persanes*, Flammarion, coll. « Étonnants Classiques », 2012, p. 61-62.

1. ***Physionomie*** : aspect physique.
2. ***Néant*** : vide.

Questions

1. « Comment peut-on être Persan ? » : montrez que ces propos invitent à retourner le questionnement au questionneur, pour demander : « Comment peut-on être Français ? »

2. En quoi la démarche de Rica, qui fait l'expérience de s'habiller à l'européenne, est-elle instructive ? Se rendre étranger à sa propre société permet-il de mieux la connaître ?

3. Qu'est-ce que le relativisme* et pourquoi l'oppose-t-on à l'ethnocentrisme ? Montrez que le relativisme dont fait preuve Montesquieu permet de combattre les préjugés* culturels et raciaux.

■ 17. Marivaux, *L'Île des esclaves* (1725)

Pierre Carlet de Chamblain de Marivaux (1688-1763) est un esprit éclectique [1] : romancier, journaliste, homme de théâtre, il étudie en psychologue averti les comportements humains. Célèbre pour ses comédies amoureuses comme *Le Jeu de l'amour et du hasard* (1730), Marivaux est également l'auteur de plusieurs comédies sociales qui, sans prôner une remise en cause de l'ordre établi, invitent à de profondes réformes morales. Grand succès au XVIIIe siècle, *L'Île des esclaves* propose ainsi, sous couvert d'utopie, une réflexion comique, mais aussi très satirique, sur les abus dont les maîtres sont coutumiers. Dans l'extrait suivant, tiré de la scène d'exposition, l'inversion des rôles entre le maître Iphicrate et son esclave Arlequin questionne l'arbitraire de la hiérarchie sociale.

1. ***Éclectique*** : qui touche à des sujets très divers.

[Entre maître et valet, les rôles sont inversés]

IPHICRATE. – Dis-moi : quand notre vaisseau[1] s'est brisé contre le rocher, quelques-uns des nôtres ont eu le temps de se jeter dans la chaloupe[2] ; il est vrai que les vagues l'ont enveloppée : je ne sais ce qu'elle est devenue ; mais peut-être auront-ils eu le bonheur d'aborder en quelque endroit de l'île, et je suis d'avis que nous les cherchions.

ARLEQUIN. – Cherchons, il n'y a pas de mal à cela ; mais reposons-nous auparavant pour boire un petit coup d'eau-de-vie : j'ai sauvé ma pauvre bouteille, la voilà ; j'en boirai les deux tiers, comme de raison, et puis je vous donnerai le reste.

IPHICRATE. – Eh ! ne perdons point de temps ; suis-moi : ne négligeons rien pour nous tirer d'ici. Si je ne me sauve, je suis perdu ; je ne reverrai jamais Athènes, car nous sommes dans l'île des Esclaves.

ARLEQUIN. – Oh ! oh ! qu'est-ce que c'est que cette race[3]-là ?

IPHICRATE. – Ce sont des esclaves de la Grèce révoltés contre leurs maîtres, et qui depuis cent ans sont venus s'établir dans une île, et je crois que c'est ici : tiens, voici sans doute quelques-unes de leurs cases ; et leur coutume, mon cher Arlequin, est de tuer tous les maîtres qu'ils rencontrent, ou de les jeter dans l'esclavage.

ARLEQUIN. – Eh ! chaque pays a sa coutume ; ils tuent les maîtres, à la bonne heure ; je l'ai entendu dire aussi, mais on dit qu'ils ne font rien aux esclaves comme moi.

IPHICRATE. – Cela est vrai.

ARLEQUIN. – Eh ! encore vit-on.

---

1. ***Vaisseau*** : voir note 3, p. 26.
2. ***Chaloupe*** : bateau que l'on embarquait à bord des navires, pour servir à de courtes expéditions.
3. ***Race*** : ici, lignée, grande famille.

IPHICRATE. – Mais je suis en danger de perdre la liberté, et peut-être la vie : Arlequin, cela ne te suffit-il pas pour me plaindre ?

ARLEQUIN, *prenant sa bouteille pour boire.* – Ah ! je vous plains de tout mon cœur, cela est juste.

IPHICRATE. – Suis-moi donc.

ARLEQUIN *siffle.* – Hu, hu, hu.

IPHICRATE. – Comment donc ! que veux-tu dire ?

ARLEQUIN, *distrait, chante.* – Tala ta lara.

IPHICRATE. – Parle donc, as-tu perdu l'esprit ? à quoi penses-tu ?

ARLEQUIN, *riant.* – Ah, ah, ah ! Monsieur Iphicrate, la drôle d'aventure ! je vous plains, par ma foi, mais je ne saurais m'empêcher d'en rire.

IPHICRATE, *à part les premiers mots.* – (Le coquin abuse de ma situation ; j'ai mal fait de lui dire où nous sommes.) Arlequin, ta gaieté ne vient pas à propos ; marchons de ce côté.

ARLEQUIN. – J'ai les jambes si engourdies !...

IPHICRATE. – Avançons, je t'en prie.

ARLEQUIN. – Je t'en prie, je t'en prie ; comme vous êtes civil et poli ; c'est l'air du pays qui fait cela. [...]

IPHICRATE, *retenant sa colère.* – Mais je ne te comprends point, mon cher Arlequin.

ARLEQUIN. – Mon cher patron, vos compliments me charment ; vous avez coutume de m'en faire à coups de gourdin qui ne valent pas ceux-là ; et le gourdin est dans la chaloupe.

IPHICRATE. – Eh ! ne sais-tu pas que je t'aime ?

ARLEQUIN. – Oui ; mais les marques de votre amitié tombent toujours sur mes épaules, et cela est mal placé. Ainsi, tenez, pour ce qui est de nos gens, que le ciel les bénisse ! s'ils sont morts, en voilà pour longtemps ; s'ils sont en vie, cela se passera, et je m'en goberge [1].

---

1. ***Goberge*** : moque.

IPHICRATE, *un peu ému.* – Mais j'ai besoin d'eux, moi.

ARLEQUIN, *indifféremment.* – Oh ! cela se peut bien, chacun a ses affaires : que je ne vous dérange pas !

IPHICRATE. – Esclave insolent !

ARLEQUIN, *riant.* – Ah ! ah ! vous parlez la langue d'Athènes ; mauvais jargon que je n'entends plus.

IPHICRATE. – Méconnais-tu ton maître, et n'es-tu plus mon esclave ?

ARLEQUIN, *se reculant d'un air sérieux.* – Je l'ai été, je le confesse à ta honte ; mais va, je te le pardonne : les hommes ne valent rien. Dans le pays d'Athènes j'étais ton esclave, tu me traitais comme un pauvre animal, et tu disais que cela était juste, parce que tu étais le plus fort. Eh bien ! Iphicrate, tu vas trouver ici plus fort que toi ; on va te faire esclave à ton tour ; on te dira aussi que cela est juste, et nous verrons ce que tu penseras de cette justice-là ; tu m'en diras ton sentiment, je t'attends là. Quand tu auras souffert, tu seras plus raisonnable ; tu sauras mieux ce qu'il est permis de faire souffrir aux autres. Tout en irait mieux dans le monde, si ceux qui te ressemblent recevaient la même leçon que toi. Adieu, mon ami ; je vais trouver mes camarades et tes maîtres.

(Il s'éloigne.)

IPHICRATE, *au désespoir, courant après lui, l'épée à la main.* – Juste ciel ! peut-on être plus malheureux et plus outragé que je le suis ? Misérable ! tu ne mérites pas de vivre.

ARLEQUIN. – Doucement, tes forces sont bien diminuées, car je ne t'obéis plus, prends-y garde.

Marivaux, *L'Île des esclaves*, Flammarion,
coll. « Étonnants Classiques »,
2012, p. 41-45.

Questions

1. Par quels aspects le tempérament d'Arlequin s'inscrit-il dans la tradition de la *commedia dell'arte* ?

2. Comment l'inversion des rôles qui est en train de se produire amène-t-elle à une évolution essentielle du personnage d'Arlequin, qui semble se détacher progressivement de son déterminisme social ? Pour répondre, vous réfléchirez au rôle de la double énonciation dans le texte.

3. On a parfois interprété le naufrage qui précède la pièce comme un naufrage symbolique de l'Ancien Régime. Expliquez cette comparaison en vous appuyant sur l'extrait.

4. Marivaux estimait qu'on ne peut connaître ses semblables sans « percer au travers du masque dont ils se couvrent » (*Le Cabinet du philosophe*, 1734). En quoi cet extrait vous paraît-il illustrer ces propos ?

Exposé

Faites une recherche sur d'autres comédies sociales de Marivaux, notamment *L'Île de la raison ou les Petits Hommes* (1727) et *La Colonie* (1750) : quelle critique sociale s'en dégage ?

Zoom sur : Le classicisme et la création de normes*

La transformation des représentations du monde à la Renaissance, parce qu'elle introduit de nouveaux points de vue, produit une vision fragmentée de l'homme, dont témoigne l'esthétique baroque. Celle-ci joue avec les illusions et propose un style très orné, parfois exubérant. Le classicisme se construit en opposition à cette tendance dont il rejette les excès. Il est désireux au contraire de consolider les bases de la civilisation européenne. Le classicisme vise à l'établissement de normes culturelles, esthétiques et morales. Il inscrit la langue et les arts dans ce vaste projet qui s'épanouit grandement au XVIIe siècle. Alors que la période baroque a encouragé le relativisme*, qui estime que tout jugement est porté par un observateur particulier dans une situation spécifique et qu'il n'existe donc pas de vérité absolue, et le scepticisme, qui affirme qu'il est impossible de rien connaître avec certitude, le classicisme s'engage dans un processus de codification sans précédent. Il aspire ainsi à stabiliser le rapport de chacun au monde, en fixant des constantes et des certitudes.

Cette codification est d'abord linguistique. La fondation de l'Académie française en 1635 et la publication en 1694 de son *Dictionnaire* correspondent à une volonté de rendre la langue plus apte à décrire la réalité. La standardisation du français et son « bon usage » impliquent l'édification de règles lexicales et grammaticales. De même la politesse, la courtoisie, la recherche de l'élégance enrichissent considérablement l'art d'écrire, dominé par un idéal d'ordre et de clarté. Ces exigences se retrouvent jusque dans le théâtre (Molière, Corneille, Racine), le roman (par exemple ceux d'Antoine Furetière, 1619-1688). Elles sous-tendent aussi l'ambition moralisatrice de certains auteurs, comme La Fontaine (1621-1695) avec ses *Fables* ou La Bruyère (1645-1696) qui, dans *Les Caractères*, passe en revue les défauts humains.

Enfin, cette codification rencontre de fortes répercussions au sein de la société. Le cardinal de Richelieu (1585-1642), principal ministre de Louis XIII à partir de 1624, travaille au renforcement du pouvoir royal, entreprise poursuivie par le cardinal Mazarin (1602-1661) qui lui succède à sa mort. La centralisation des pouvoirs publics soutient la consolidation de l'absolutisme monarchique, qui recourt à une propagande artistique. En souverain éclairé, Louis XIV, aidé de son ministre Jean-Baptiste Colbert (1619-1683), orchestre un mécénat artistique et littéraire : il accorde sa faveur et un soutien financier aux artistes, en contrepartie du respect de directives officielles, qui définissent un idéal d'ordre, d'autorité et d'harmonie. Même dans le domaine alimentaire, la recherche du « bon goût » va de pair avec le style classique. Et à la cour, les positions sont attribuées en fonction d'une hiérarchie de plus en plus précise, tandis que les usages mondains sont déterminés par l'étiquette rigide du savoir-vivre.

■ **Jean Lepautre, *Le Malade imaginaire, comédie représentée dans les jardins de Versailles devant la grotte*, 1676.**
Les somptueux divertissements à la Cour répondaient à des enjeux de pouvoir : divertir pour mieux gouverner.

2. Codification et renouvellement des connaissances

La fin du Moyen Âge (que l'on peut dater du milieu du XVe siècle avec la prise de Constantinople par les Turcs en 1453) et l'avènement de la Renaissance marquent un changement de paradigme* intellectuel, c'est-à-dire de modèle* général structurant la pensée : les textes religieux ne sont plus le centre de la vie savante. Les humanistes proposent une nouvelle érudition, qui passe par un retour aux classiques de l'Antiquité grecque et romaine. Ils s'inspirent des penseurs de cette époque pour classer et systématiser les connaissances. Ils adhèrent à un idéal encyclopédique : tout pour eux devient objet d'étude, les plus grands phénomènes comme les petites habitudes. Leur ambition dépasse les frontières des États et le barrage de la langue. Érasme (p. 93), par exemple, se prend à rêver d'une République des Lettres où se formerait une culture universelle. Le développement de la philologie, discipline consacrée à l'étude des textes anciens, soutient ce projet en fournissant des références communes. Ces ouvrages fondateurs sont réunis au sein de bibliothèques, notamment sous l'impulsion de Guillaume Budé (1467-1540). Les langues courantes ne sont pas pour autant oubliées : la langue française défend peu à peu ses lettres de noblesse face aux langues savantes que sont alors le latin et le grec. Le poète Joachim Du Bellay s'illustre dans ce combat (p. 96).
Le développement du savoir médical, quant à lui, conduit à une nouvelle image de l'homme. Il propose parfois, comme chez le philosophe Pierre Gassendi (1592-1655), une vision matérialiste du monde, estimant qu'il est possible d'expliquer le fonctionnement d'un corps à partir des lois de la matière inerte, sans lui supposer une âme comme le fait l'Église. Si l'homme n'est plus qu'un très complexe mécanisme, il perd le statut qu'il détenait au Moyen Âge, où il était considéré comme distinct de l'ensemble des autres

créatures, car sacralisé par la volonté de Dieu. Néanmoins, malgré le succès croissant de cette conception de l'homme, l'idée d'une spécificité propre à l'humanité subsiste tout de même dans l'esprit des philosophes. Les penseurs encore marqués par la religion chrétienne imputent à l'homme la possession d'une faculté spirituelle donnée par Dieu. D'autres, comme Dumarsais (p. 104), jugent qu'une faculté rationnelle permet aux êtres humains d'exercer leur liberté en agissant sur les mécanismes qui les constituent.

18. Érasme, *Les Antibarbares* (1518)

Érasme (v. 1467-1536) est une des plus célèbres figures de l'humanisme européen du XVIe siècle. Ce prêtre au savoir encyclopédique propose une approche novatrice de l'enseignement, n'hésitant pas à remettre en cause l'autorité et les vaines querelles de la scolastique, c'est-à-dire de la philosophie religieuse que l'on enseigne dans les universités à son époque. Ses nombreux voyages en Italie, en Angleterre et en France font de lui un Européen convaincu, champion d'un savoir fondé sur la tolérance, l'échange et le partage des connaissances. Première œuvre d'Érasme, *Les Antibarbares* se présentent sous la forme d'un dialogue. L'auteur, qui déplore la dégradation dans laquelle sont tombées les humanités depuis plusieurs siècles, en profite pour faire l'éloge de cette culture idéale qu'on appellera, à partir de la Renaissance, la « République des Lettres ».

[La vraie culture doit s'affranchir de tous les préjugés*]

Tu ne confies pas à la légère le soin et l'éducation d'un cheval ; et l'éducation de ton fils, tu ne n'inquiètes pas de savoir à qui tu la confies ? Être père, ce n'est pas seulement engendrer son enfant, c'est surtout bien élever ce qu'on a engendré. À quoi bon en effet être bien né, si une éducation de qualité ne vient pas renforcer la nature ? Tu ne confies pas la culture de ta propriété au premier venu : tu consultes des paysans expérimentés, riches d'une longue expérience ; et quand tu dois remettre ton fils à un précepteur [1], tu demandes son avis à un de ces tyrans-mendiants et tu suis la voie montrée par cet aveugle ? En te fondant sur l'avis de ces gens-là tu places n'importe qui à la tête de l'école publique, alors que tu ne devrais pas les suivre pour le choix d'un garçon d'écurie ? Rien ne ressemble plus au pouvoir royal que le pouvoir de celui qui dirige une école ; et à ces gens dont tu ne voudrais pas, si tu les connaissais, qu'ils commandent à tes chiens, nous permettons d'exercer leur tyrannie sur nos enfants ? C'est même à grand prix qu'on engage quelqu'un pour apprendre à une jeunesse torturée à coups de verges [2] et de menaces à ne rien savoir et à croire qu'elle n'ignore rien ; et en plus, les mœurs de ces individus sont rarement meilleures que leurs lettres. Quelle infamie que l'enfance, l'âge le plus heureux, voué par la nature aux bonnes disciplines, soit corrompue par des choses que nous ne pouvons oublier qu'au prix d'efforts plus grands encore que ceux consentis pour leur acquisition, ou que nous sommes condamnés à retenir ! Le salut, ou même la ruine, d'un État me semble dépendre de trois éléments principaux : de la bonne ou mauvaise éducation du prince, des prêcheurs publics et des maîtres d'école. Mais c'est surtout pour ces derniers que la vigilance s'impose, parce que le maître d'école a en charge d'abord un âge innocent et neuf qui ne peut encore prendre soin de lui-même, ensuite les années dont on peut espérer le plus, années qui s'enfuient très vite et ne reviennent jamais. [...] Tu t'étonnes que les lettres meurent, alors que ce sont des manants [3], bien plus, des bûches [4], qui tiennent les écoles ? Nous

1. ***Précepteur*** : voir note 3, p. 78.
2. ***Verges*** : baguettes souples utilisées pour les punitions corporelles.
3. ***Manants*** : hommes incultes.
4. ***Bûches*** : personnes à l'esprit borné.

nous étonnons que la culture antique dégénère depuis longtemps déjà, alors que rien n'est moins savant que les détenteurs du savoir ? Le contraire m'étonnerait bien davantage. Que peut-on attendre d'autre d'un maître ignorant, dis-moi, qu'un élève plus ignorant encore ? Comme le dit ce proverbe ancien : « Que peut-on obtenir d'un mauvais corbeau, sinon un mauvais œuf ? » N'est-ce pas vrai aussi, ce qu'écrivit Horace[1] : « Dans les taurillons[2], dans les chevaux on retrouve la force de leurs pères, et les aigles féroces n'engendrent pas la pacifique colombe : les êtres courageux sont créés par les êtres courageux » ? Or les vices corporels des parents, nous voyons bien que les fils ne les reproduisent pas toujours. J'ai moi-même connu des frères nés d'un père aveugle et d'une mère boiteuse et dont aucun pourtant n'était ni aveugle ni boiteux. Mais puisque l'esprit est transvasé dans l'esprit et l'intelligence façonnée par l'intelligence, il est impossible que l'élève ne reproduise pas son maître, qui est comme le parent de son esprit.

Pourquoi incriminer ici les étoiles et un ciel innocent ? Pourquoi accuser une nature qui ne le mérite pas ? Qu'a donc commis la religion, elle qui nous apporte le salut, pour attirer une telle haine ? Toi, veille seulement à trouver des maîtres convenables ; que les princes s'appliquent à rendre leur prestige aux bonnes lettres. Tu verras alors, c'est certain, que ni les étoiles ni les intelligences ne manquent à notre siècle, ni même à nos contrées [...].

Érasme, « Les Antibarbares », in *Bibliothèque humaniste idéale : de Pétrarque à Montaigne*, trad. Claire César, éd. Jean-Christophe Saladin, , p. 193-195.

Questions

1. Comment sont présentés ceux qui prétendent détenir savoir et pouvoir ? Par quels aspects ce texte constitue-t-il une critique très audacieuse de la société ?

---

1. ***Horace*** est un poète romain (67 av. J.-C.-8 apr. J.-C.).
2. ***Taurillons*** : jeunes taureaux.

2. Montrez que cet extrait dessine en creux les principes pédagogiques de l'éducation humaniste idéale selon Érasme. En quoi celle-ci s'oppose-telle à l'enseignement traditionnel ?

19. Joachim Du Bellay, *Défense et illustration de la langue française* (1549)

En confrontant différentes visions de l'homme, les humanistes français de la Renaissance ont largement contribué à développer l'esprit critique et le cosmopolitisme, c'est-à-dire la conscience, pour les individus, d'appartenir à la fois à une nation spécifique et au grand tout du monde. Ce va-et-vient entre le particulier et l'universel favorise la prise de conscience d'une identité linguistique et culturelle propre à leur pays. Face au grec et au latin, le français n'avait en effet pas acquis, au XVIe siècle, ses lettres de noblesse. Certains poètes et admirateurs passionnés de l'Antiquité, réunis autour de Pierre de Ronsard (1524-1585) et Joachim Du Bellay (v. 1522-1560) au sein du groupe de la Pléiade, se donnèrent pour mission de valoriser les richesses du français, en se nourrissant du modèle antique. Publié en 1549, la *Défense et illustration de la langue française* théorise les débats, souvent polémiques* et agités, de la Pléiade. Dans l'extrait suivant, Du Bellay affirme que le français est apte à rivaliser avec les langues anciennes.

[Réhabiliter la langue française]

Et si notre langue n'est si copieuse[1] et riche que la grecque ou latine, cela ne doit être imputé au défaut d'icelle[2], comme si d'elle-même elle ne pouvait jamais être sinon pauvre et stérile : mais bien on le doit attribuer à l'ignorance de nos majeurs[3], qui

1. ***Copieuse*** : riche, abondante.
2. ***D'icelle*** : de celle-ci (***d'iceux*** : de ceux-ci).
3. ***Nos majeurs*** : nos ancêtres.

ayant (comme dit quelqu'un, parlant des anciens Romains) en plus grande recommandation le bien faire que le bien dire, et mieux aimant laisser à leur postérité les exemples de vertu que les préceptes, se sont privés de la gloire de leurs bienfaits, et nous du fruit de l'imitation d'iceux : et par même moyen nous ont laissé notre langue si pauvre et nue qu'elle a besoin des ornements, et (s'il faut ainsi parler) des plumes d'autrui. Mais qui voudrait dire que la grecque et romaine eussent toujours été en l'excellence qu'on les a vues du temps d'Homère et de Démosthène[1], de Virgile[2] et de Cicéron[3] ? Et si ces auteurs eussent jugé que jamais, pour quelque diligence[4] et culture qu'on y eût pu faire, elles n'eussent su produire plus grand fruit, se fussent-ils tant efforcés de les mettre au point où nous les voyons maintenant ? Ainsi puis-je dire de notre langue, qui commence encore à fleurir sans fructifier[5], ou plutôt, comme une plante et vergette[6], n'a point encore fleuri, tant se faut[7] qu'elle ait apporté tout le fruit qu'elle pourrait bien produire. Cela, certainement, non pour le défaut de la nature d'elle, aussi apte à engendrer que les autres : mais pour la coulpe[8] de ceux qui l'ont eue en garde, et ne l'ont cultivée à suffisance, ainsi comme une plante sauvage, en celui même désert où elle avait commencé à naître, sans jamais l'arroser, la tailler, ni défendre des ronces et épines qui lui

1. ***Démosthène*** (384-322 av. J.-C.) est un homme d'État grec qui défendit la cité d'Athènes. Le style difficile mais puissant de ses discours politiques est très admiré.
2. ***Virgile*** (70-19 av. J.-C.) est le plus admiré des poètes latins.
3. ***Cicéron*** (106-43 av. J.-C.) est un avocat romain, auteur de nombreux discours et traités philosophiques dont le style a souvent été pris en modèle pour l'enseignement du latin.
4. ***Diligence*** : application, grand soin.
5. ***Fructifier*** : donner des fruits.
6. ***Vergette*** : jeune pousse.
7. ***Tant se faut*** : tant s'en faut, au contraire.
8. ***Pour la coulpe*** : par la faute.

faisaient ombre, l'ont laissée envieillir[1] et quasi mourir. Que si les anciens Romains eussent été aussi négligents à la culture de leur langue, quand premièrement elle commença à pulluler[2], pour certain[3] en si peu de temps elle ne fût devenue si grande. Mais eux, en guise[4] de bons agriculteurs, l'ont premièrement transmuée d'un lieu sauvage en un domestique[5] ; puis afin que plus tôt et mieux elle pût fructifier, coupant à l'entour les inutiles rameaux, l'ont pour échange d'iceux restaurée de rameaux francs et domestiques, magistralement tirés de la langue grecque, lesquels soudainement se sont si bien entés[6] et faits semblables à leur tronc, que désormais n'apparaissent plus adoptifs, mais naturels. De là sont nées en la langue latine ces fleurs et ces fruits colorés de cette grande éloquence, avec ces nombres et cette liaison si artificielle, toutes lesquelles choses, non tant de sa propre nature que par artifice, toute langue a coutume de produire. Donc si les Grecs et Romains, plus diligents[7] à la culture de leurs langues que nous à celle de la nôtre, n'ont pu trouver en icelles, sinon avec grand labeur et industrie[8], ni grâce, ni nombre, ni finalement aucune éloquence, nous devons nous émerveiller, si notre vulgaire[9] n'est si riche comme il pourra bien être, et de là prendre occasion de le mépriser comme chose vile[10], et de petit prix. Le temps viendra (peut-être) et je l'espère moyennant la bonne destinée française, que ce noble et puissant royaume obtiendra à son tour les rênes de la monarchie, et que

1. ***Envieillir*** : vieillir.
2. ***Pulluler*** : se multiplier, se développer.
3. ***Pour certain*** : assurément.
4. ***En guise*** : à la manière
5. ***Domestique*** : cultivé, digne d'appartenir au patrimoine.
6. ***Entés*** : greffés.
7. ***Diligents*** : appliqués, prompts.
8. ***Industrie*** : savoir-faire, méthode.
9. ***Vulgaire*** : qui appartient à la langue commune, usuelle (ici, le français).
10. ***Vile*** : méprisable.

notre langue (si avec François [1] n'est du tout ensevelie la langue française) qui commence encore à [2] jeter ses racines, sortira de terre, et s'élèvera en telle hauteur et grosseur, qu'elle se pourra égaler aux mêmes Grecs et Romains [...].

Joachim Du Bellay, « Défense et Illustration de la Langue française », in *Les Regrets – Les Antiquités de Rome – Défense et Illustration de la Langue française*, éd. Samuel Sylvestre de Sacy,

Questions

1. Sur quels arguments s'appuie la thèse de Du Bellay ?
2. Si l'on revient à son sens d'origine (« terre cultivée »), la culture est une manière de s'approprier la nature. Étudiez la métaphore filée horticole (relative à la culture des jardins) dans le texte en montrant sa visée argumentative.

Exposé

La Pléiade et le renouvellement de la poésie française.

Essai littéraire

À votre tour, rédigez une *Défense de la langue française*, en montrant que dans nos sociétés contemporaines mondialisées, la diversité culturelle est de nature à enrichir le français et à mieux penser la francophonie.

---

1. Allusion à François Ier, qui a joué un rôle important dans la diffusion des arts et de la culture humaniste.
2. ***Qui commence encore à*** : qui est juste en train de.

20. D'Alembert, « Discours préliminaire de l'*Encyclopédie* » (1751)

Jean Le Rond d'Alembert (1717-1783) est un mathématicien et physicien. Il codirige avec Denis Diderot (1713-1784) l'entreprise monumentale de l'*Encyclopédie ou Dictionnaire raisonné des sciences, des arts et des métiers*, dont les dix-sept volumes de textes et les onze volumes de planches illustrées paraissent entre 1751 et 1772. Elle regroupe des articles de très nombreux savants et penseurs des Lumières et touche à tous les sujets : les instruments et les savoir-faire des différents métiers, la faune et la flore, les techniques agricoles, mais aussi l'ensemble des théories scientifiques et des notions* philosophiques développées à cette époque. Dans son « Discours préliminaire » qui introduit l'ouvrage, d'Alembert défend ce mélange entre les disciplines considérées comme nobles et celles qui ne le sont pas.

[Défense et réhabilitation de l'artisanat]

On peut en général donner le nom d'*Art* à tout système de connaissances qu'il est permis de réduire à des règles positives, invariables et indépendantes du caprice ou de l'opinion, et il serait permis de dire en ce sens, que plusieurs de nos sciences sont des arts, étant envisagées par leur côté pratique. Mais comme il y a des règles pour les opérations de l'esprit ou de l'âme, il y en a aussi pour celles du corps, c'est-à-dire pour celles qui bornées aux corps extérieurs, n'ont besoin que de la main seule pour être exécutées. De là la distinction des arts en libéraux et en mécaniques, et la supériorité qu'on accorde aux premiers sur les seconds. Cette supériorité est sans doute injuste à plusieurs égards. Néanmoins parmi les préjugés*, tout ridicules qu'ils peuvent être, il n'en est point qui n'ait sa raison, ou pour parler plus exactement, son origine ; et la philosophie souvent impuissante pour corriger les abus, peut au moins en démêler la source. La force du corps ayant été le premier principe* qui a rendu inutile le droit que tous les hommes avaient d'être égaux, les plus faibles, dont le nombre est toujours le plus grand, se sont joints ensemble pour la réprimer. Ils ont donc établi par le secours des lois et des différentes sortes de gouvernements, une inégalité de convention dont la force a cessé d'être le principe. Cette dernière inégalité étant bien affermie, les hommes en se réunissant avec raison pour la conserver, n'ont pas laissé de réclamer secrètement contre elle par ce désir de supériorité que rien n'a pu détruire en eux. Ils ont donc cherché une sorte de dédommagement dans une inégalité moins arbitraire ; et la force corporelle, enchaînée par les lois, ne pouvant plus offrir aucun moyen de supériorité, ils ont été réduits à chercher dans la différence des esprits un principe d'inégalité aussi naturel, plus paisible, et plus utile à la société. Ainsi la partie la plus noble de notre être s'est en quelque manière vengée des premiers avantages que la partie la plus vile avait usurpés ; et les talents de l'esprit ont été généralement reconnus pour supérieurs à ceux du corps. Les arts mécaniques, dépendant d'une opération manuelle, et asservis, qu'on me permette ce terme, à une espèce de routine, ont été abandonnés à ceux d'entre les hommes que les préjugés ont placés dans la classe la plus inférieure. L'indigence qui a forcé ces hommes à s'appliquer à un pareil travail, plus souvent que le goût et le génie ne les y ont entraînés, est devenue ensuite une raison pour les mépriser, tant elle nuit à tout ce qui l'accompagne. À l'égard des opérations libres de l'esprit, elles ont été le partage de ceux qui se sont crus sur ce point les plus favorisés de la nature. Cependant l'avantage que les arts libéraux ont sur les arts mécaniques, par le travail que les premiers exigent de l'esprit, et par la difficulté d'y exceller, est suffisamment compensé par l'utilité bien supérieure que les derniers nous procurent pour la plupart. C'est cette utilité même qui a forcé de les réduire à des opérations purement machinales, pour en faciliter la pratique à un plus grand nombre d'hommes. Mais la société en respectant avec justice les grands génies qui l'éclairent, ne doit point avilir les mains qui la servent. La découverte de la boussole n'est pas moins avantageuse au genre humain, que ne le serait à la physique l'explication des propriétés de cette aiguille. Enfin, à considérer en lui-même le principe de la distinction dont nous parlons, combien de savants prétendus dont la science n'est proprement qu'un art mécanique ? et quelle différence réelle y a-t-il entre une tête remplie de faits sans ordre, sans usage et sans liaison, et l'instinct d'un artisan réduit à l'exécution machinale ?

Le mépris qu'on a pour les arts mécaniques semble avoir influé jusqu'à un certain point sur leurs inventeurs mêmes. Les noms de ces bienfaiteurs du genre humain sont presque tous inconnus, tandis que l'histoire de ses destructeurs, c'est-à-dire des conquérants, n'est ignorée de personne. Cependant c'est peut-être chez les artisans qu'il faut aller chercher les preuves les plus admirables de la sagacité de l'esprit, de sa patience et de ses ressources. J'avoue que la plupart des arts n'ont été inventés que peu à peu, et qu'il a fallu une assez longue suite de siècles pour porter les montres, par exemple, au point de perfection où nous les voyons. Mais n'en est-il pas de même des sciences ? Combien de découvertes qui ont immortalisé leurs auteurs, avaient été préparées par les travaux des siècles précédents, souvent même amenées à leur maturité, au point de ne demander plus qu'un pas à faire ? Et pour ne point sortir de l'horlogerie, pourquoi ceux à qui nous devons la fusée des montres, l'échappement [1] et la répétition [2], ne sont-ils pas aussi estimés que ceux qui ont travaillé successivement à perfectionner l'algèbre ? D'ailleurs, si j'en crois quelques philosophes que le mépris de la multitude pour les arts n'a point empêchés de les étudier, il est certaines machines si compliquées, et dont toutes les parties dépendent tellement l'une de l'autre, qu'il est difficile que l'invention en soit

1. ***La fusée***, ***l'échappement*** : éléments de l'engrenage des montres mécaniques.

2. Certaines montres perfectionnées de l'époque, dites *à **répétition***, pouvaient sonner l'heure à la demande.

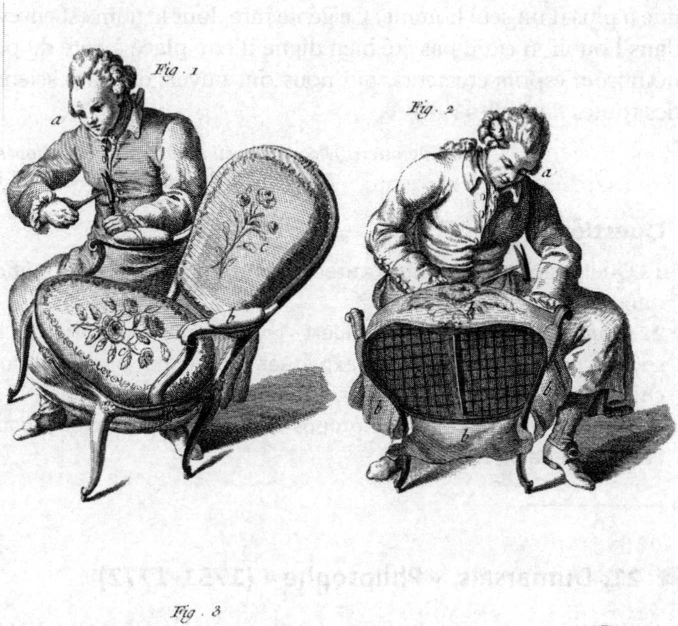

■ **Diderot et d'Alembert (dir.), *Encyclopédie ou dictionnaire raisonné des sciences, des arts et des métiers*, t. IX, 1762.**
L'*Encyclopédie* comprend onze volumes de planches décrivant des objets ou des outils. Les techniques artisanales y sont représentées étape par étape : ici, la façon dont un tapissier prépare un fauteuil.

due à plus d'un seul homme. Ce génie rare dont le nom est enseveli dans l'oubli, n'eût-il pas été bien digne d'être placé à côté du petit nombre d'esprits créateurs, qui nous ont ouvert dans les sciences des routes nouvelles ?

D'Alembert, *Discours préliminaire de l'Encyclopédie*, Armand Colin et Cie, 1894, p. 51-55.

Questions

1. Quels rapprochements l'auteur opère-t-il entre les arts libéraux et les arts mécaniques ?
2. Montrez comment d'Alembert, constatant le mépris de la société pour l'artisanat, veut expliquer celui-ci par une évolution chronologique. Détaillez-en les différentes étapes.
3. Quelles orientations ces propos dessinent-ils en creux pour l'avenir de la science ?

21. Dumarsais, « Philosophe » (1751-1772)

César Chesneau Dumarsais (1676-1756) est un grammairien et philosophe qui s'est rendu célèbre avant tout par son *Traité des Tropes* (1730), ouvrage majeur de rhétorique (discipline qui s'intéresse aux procédés du discours et, par extension, du langage). Néanmoins, il travaille aux côtés de Diderot et d'Alembert (qui le surnomme « le La Fontaine des philosophes ») pour rédiger de nombreux articles de leur *Encyclopédie*. Dans celui qui s'intitule « Philosophe », il défend une conception matérialiste de l'être humain, c'est-à-dire qu'il estime que toutes les actions de l'homme sont explicables par des mécanismes corporels. De manière assez provocante, il applique à l'être humain la thèse de l'« animal-machine » (voir p. 168) développée par René Descartes (1596-1650). Mais là où Descartes distingue l'homme de l'animal, considérant que seul l'homme possède une âme et en conséquence la faculté de penser, Dumarsais juge que l'homme ordinaire se comporte comme une machine passive et peu encline à la réflexion.

Pour lui, la pensée n'est pas le propre de l'homme en tant que tel, mais seulement du philosophe. Au surplus, même chez le philosophe, elle n'est pas un don de Dieu, mais uniquement le résultat d'un dispositif corporel qui permet de réfléchir sur soi.

[Portrait du philosophe en honnête homme]

Le philosophe est une machine humaine comme un autre homme ; mais c'est une machine qui, par sa construction mécanique, réfléchit sur ses mouvements. Les autres hommes sont déterminés à agir sans sentir ni connaître les causes qui les font mouvoir, sans même songer qu'il y en ait.

Le philosophe, au contraire, démêle les causes autant qu'il est en lui, et souvent même les prévient et se livre à elles avec connaissance : c'est une horloge qui se monte [1], pour ainsi dire, quelquefois elle-même. Ainsi, il évite les objets qui peuvent lui causer des sentiments qui ne conviennent ni au bien-être ni à l'être raisonnable, et cherche ceux qui peuvent exciter en lui des affections convenables à l'état où il se trouve.

La raison est à l'égard du philosophe ce que la grâce est à l'égard du chrétien dans le système de saint Augustin [2]. La grâce détermine le chrétien à agir volontairement ; la raison détermine le philosophe sans lui ôter le goût du volontaire.

Les autres hommes sont emportés par leurs passions sans que les actions qu'ils font soient précédées de la réflexion ; ce sont des hommes qui marchent dans les ténèbres ; au lieu que le philosophe dans ses passions mêmes n'agit qu'après la réflexion : il marche la nuit, mais il est précédé d'un flambeau.

Le philosophe forme ses principes* sur une infinité d'observations particulières ; le peuple adopte le principe sans penser aux

1. Le mécanisme d'une horloge était entraîné par des poids qui descendaient peu à peu : il fallait les remonter régulièrement pour qu'elle restât à l'heure.
2. Évêque d'Hippone (en actuelle Algérie), ***saint Augustin*** (354-430) est un philosophe chrétien de langue latine.

observations qui l'ont produit : il croit que la maxime[1] existe, pour ainsi dire, par elle-même. Mais le philosophe prend la maxime dès sa source ; il en examine l'origine, il en connaît la propre valeur, et n'en fait que l'usage qui lui convient.

De cette connaissance que les principes ne naissent que des observations particulières, le philosophe en conçoit de l'estime pour la science des faits ; il aime à s'instruire des détails et de tout ce qui ne se devine point. Ainsi, il regarde comme une maxime très opposée au progrès des lumières de l'esprit, que de se borner à la seule méditation, et de croire que l'homme ne tire la vérité que de son propre fonds. Certains métaphysiciens* disent : évitez les impressions des sens ! Laissez aux historiens la connaissance des faits, et celle des langues aux grammairiens ! Nos philosophes, au contraire, persuadés que toutes nos connaissances nous viennent des sens, que nous ne nous sommes fait des règles que sur l'uniformité des impressions sensibles, que nous sommes au bout de nos lumières quand nos sens ne sont ni assez déliés, ni assez forts pour nous en fournir ; convaincus que la source de nos connaissances est entièrement hors de nous, ils nous exhortent à faire une ample provision d'idées, en nous livrant aux impressions extérieures des objets. Mais en nous livrant en disciple[2] qui consulte, et qui écoute, et non en maître qui décide et qui impose silence. Ils veulent que nous étudiions l'impression précise que chaque objet fait en nous, et que nous évitions de la confondre avec celle qu'un autre objet a causée.

De là la certitude et les bornes des connaissances humaines. Certitude : quand on sent que l'on a reçu de dehors l'impression propre et précise que chaque jugement suppose ; car tout jugement suppose une impression extérieure qui lui est particulière. Bornes : quand on ne saurait recevoir des impressions ou par la nature de l'objet ou par la faiblesse de nos organes. Augmentez, s'il est possible, la

---

1. *Maxime* : règle morale.
2. *Disciple* : voir note 1, p. 79.

puissance des organes, vous augmenterez les connaissances. Ce n'est que depuis la découverte du télescope et du microscope qu'on a fait tant de progrès dans l'astronomie et dans la physique.

C'est aussi pour augmenter le nombre de nos connaissances et de nos idées que nos philosophes étudient les hommes d'autrefois et les hommes d'aujourd'hui.

Répandez-vous comme des abeilles, nous disent-ils, dans le monde passé et dans le monde présent, vous reviendrez ensuite dans votre ruche composer votre miel.

Le philosophe s'applique à la connaissance de l'univers et de lui-même. Mais comme l'œil ne saurait se voir, le philosophe connaît qu'il ne saurait se connaître parfaitement, puisqu'il ne saurait recevoir des impressions extérieures du dedans de lui-même, et que nous ne connaissons rien que par de semblables impressions. Cette pensée n'a rien d'affligeant pour lui, parce qu'il se prend lui-même tel qu'il est, et non pas tel qu'il semble à l'imagination qu'il pourrait être. D'ailleurs, cette ignorance n'est pas en lui une raison de décider qu'il est composé de deux substances opposées ; ainsi comme il ne se connaît pas parfaitement, il dit qu'il ne connaît pas comment il pense. Mais comme il sent qu'il pense si dépendamment de tout lui-même, il reconnaît que sa substance est capable de penser de la même manière qu'elle est capable d'entendre et de voir. La pensée est en l'homme un sens comme la vue et l'ouïe, dépendant également d'une constitution organique. L'air seul est capable de sons, le feu seul peut exciter la chaleur, les yeux seuls peuvent voir, les seules oreilles peuvent entendre, et la seule substance du cerveau est susceptible de pensées.

Que si les hommes ont tant de peine à unir l'idée de la pensée avec l'idée de l'étendue, c'est qu'ils n'ont jamais vu d'étendue penser. Ils sont à cet égard ce qu'un aveugle-né est à l'égard des couleurs, un sourd de naissance à l'égard des sons ; ceux-ci ne sauraient unir ces idées avec l'étendue qu'ils tâtent, parce qu'ils n'ont jamais vu cette union.

La vérité n'est pas pour le philosophe une maîtresse qui corrompe son imagination, et qu'il croie trouver partout. Il se contente de la pouvoir démêler où il peut l'apercevoir. Il ne la confond point avec la vraisemblance ; il prend pour vrai ce qui est vrai, pour faux ce qui est faux, pour douteux ce qui est douteux, pour vraisemblable ce qui n'est que vraisemblable. Il fait plus, et c'est ici une grande perfection du philosophe : c'est que, lorsqu'il n'a point le motif propre pour juger, il sait demeurer indéterminé. […]

Le monde est plein de personnes d'esprit et de beaucoup d'esprit, qui jugent toujours. Toujours ils devinent, car c'est deviner que de juger sans sentir quand on a le motif propre du jugement. Ils ignorent la portée de l'esprit humain ; ils croient qu'il peut tout connaître. Ainsi ils trouvent de la honte à ne point prononcer de jugement, et s'imaginent que l'esprit consiste à juger. Le philosophe croit qu'il consiste à bien juger ; il est plus content de lui-même quand il a suspendu la faculté de se déterminer, que s'il était déterminé avant que d'avoir senti le motif propre de la décision. Ainsi il juge et parle moins, mais il juge plus sûrement et il parle mieux. Il n'évite point les traits vifs qui se présentent naturellement à l'esprit par un prompt assemblage d'idées qu'on est souvent étonné de voir unies. C'est dans cette prompte liaison que consiste ce que communément on appelle esprit. Mais aussi c'est ce qu'il recherche le moins, et il préfère à ce brillant le soin de bien distinguer ses idées, d'en connaître la juste étendue et la liaison précise, et d'éviter de prendre le change[1] en portant trop loin quelque rapport particulier que les idées ont entre elles. C'est dans ce discernement que consiste ce qu'on appelle jugement et justesse d'esprit.

À cette justesse se joignent encore la souplesse et la netteté. Le philosophe n'est pas tellement attaché à un système qu'il ne sente toute la force des objections. La plupart des hommes sont si fort livrés à leurs opinions qu'ils ne prennent pas seulement la peine de pénétrer celles des autres.

1. ***Prendre le change*** : se tromper.

Le philosophe comprend le sentiment qu'il rejette avec la même étendue et la même netteté qu'il entend celui qu'il adopte.

L'esprit philosophique est donc un esprit d'observation et de justesse, qui rapporte tout à ses véritables principes. Mais ce n'est pas l'esprit seul que le philosophe cultive ; il porte plus loin son attention et ses soins.

L'homme n'est point un monstre qui ne doive vivre que dans les abîmes de la mer ou dans le fond d'une forêt. Les seules nécessités de la vie lui rendent le commerce [1] des autres nécessaire, et dans quelque état où il puisse se trouver, ses besoins et le bien-être l'engagent à vivre en société. Ainsi, la raison exige de lui qu'il connaisse, qu'il étudie et qu'il travaille à acquérir les qualités sociables. Il est étonnant que les hommes s'attachent si peu à tout ce qui est de pratique, et qu'ils s'échauffent si fort sur de vaines spéculations. Voyez les désordres que tant de différentes hérésies [2] ont causés ! Elles ont toujours roulé sur des points de théorie : tantôt il s'est agi du nombre des personnes de la Trinité [3] et de leur émanation ; tantôt du nombre des sacrements et de leur vertu ; tantôt de la nature et de la force de la grâce. Que de guerres, que de troubles, pour des chimères [4] !

Le peuple philosophe est sujet aux mêmes visions : que de disputes frivoles dans les écoles, que de livres sur des vaines questions ! Un mot les déciderait, ou ferait voir qu'elles sont indissolubles.

Une secte aujourd'hui fameuse reproche aux personnes d'érudition de négliger l'étude de leur propre esprit, pour charger leur mémoire de faits et de recherches sur l'antiquité, et nous reprochons aux uns et aux autres de négliger et de se rendre aimables et de n'entrer pour rien dans la société.

---

1. ***Le commerce*** : la fréquentation.
2. ***Hérésies*** : théories religieuses condamnées par l'Église.
3. Dans le christianisme, la ***Trinité*** est l'alliance du Père, du Fils et du Saint-Esprit, qui forment le Dieu unique.
4. ***Chimères*** : idées vaines, illusions. Dans la mythologie grecque, la chimère est un monstre dont l'aspect emprunte au lion, à la chèvre et au serpent.

Notre philosophe ne se croit pas en exil en ce monde ; il ne croit point être en pays ennemi ; il veut jouir en sage économe des biens que la nature lui offre, il veut trouver du plaisir avec les autres, et pour en trouver il faut en faire. Ainsi, il cherche à convenir à ceux avec qui le hasard ou son choix le font vivre, et il trouve en même temps ce qui lui convient : c'est un honnête homme qui veut plaire et se rendre utile.

César Chesneau Dumarsais, *Œuvres de Dumarsais*, Pougin, 1797, t. I, p. 25-41.
Orthographie modernisée.

Questions

1. Qu'est-ce qui distingue le philosophe du commun des hommes ?
2. Comment se caractérise le savoir du philosophe, par rapport à celui des autres disciplines ?
3. Quelle différence doit-on faire entre l'esprit et le jugement ?

■ **Bibliothèque humaniste de Sélestat (Bas-Rhin) fondée en 1452 (vue partielle avec le buste de l'imprimeur Jean Mentel, 1410-1478).**
Sous l'impulsion des humanistes, le livre et la bibliothèque deviennent les symboles de la vie intellectuelle.

Zoom sur : Du perfectionnement de l'imprimerie à l'essor des bibliothèques

Jusqu'au début du XVIe siècle, les livres qu'acquièrent les souverains, les grands seigneurs et les princes de l'Église sont essentiellement manuscrits. Véritables chefs-d'œuvre, ils sont exécutés à la main par des calligraphes de renom. Mais l'invention de l'imprimerie vers 1450 par Johannes Gutenberg (v. 1400-1468), dans la région allemande de Rhénanie, modifie progressivement le statut des textes, ainsi que leurs conditions de fabrication, de reproduction et de diffusion. Les métiers du livre se développent : imprimeurs, libraires, éditeurs s'entourent d'humanistes de renom comme Érasme (v. 1467-1536) et Guillaume Budé (1467-1540), qui contribuent ainsi à la diffusion plus large des connaissances. Des villes comme Strasbourg, Venise, Florence, Lyon, Anvers, Bâle et Paris deviennent d'importants lieux d'édition.

Le passage du manuscrit au livre imprimé, en facilitant l'accès à la lecture, change le rapport au savoir et accélère la diffusion des idées et de l'esprit critique dans l'Europe de la Renaissance. Si les premiers ouvrages imprimés au XVe siècle étaient surtout des textes religieux ou des traités de droit et de médecine, conçus sur le modèle des manuscrits, des formats différents apparaissent au siècle suivant. Le travail sur la typographie, qui organise la mise en page et crée de nouveaux caractères, facilite la lecture. Les livres sont découpés en chapitres et leurs paragraphes, clairement dégagés par des alinéas, structurent le discours.

Le livre devient un objet courant, que les particuliers commencent à acheter. La taille des bibliothèques s'accroît. En France, la création en 1529 par François Ier de la Bibliothèque du roi et de la Bibliothèque des lecteurs du roi, préfiguration du Collège de France, montre l'importance accordée par le pouvoir politique à la collecte du savoir. Par une ordonnance du 28 décembre 1537 signée à Montpellier, François Ier ordonne aux imprimeurs et aux libraires de déposer à la Bibliothèque royale du château de Blois tout livre imprimé mis en vente dans le royaume. Cette obligation, appelée dépôt légal, constitue une démarche fondamentale pour la conservation du patrimoine intellectuel, littéraire et artistique. Elle est toujours en vigueur aujourd'hui : un exemplaire de chaque livre publié doit être adressé par son éditeur à la Bibliothèque nationale de France.

3. Géographies de l'imaginaire : la fiction au service du savoir

Les périodes de la Renaissance et des Lumières expriment une pensée ouverte sur le monde et sa pluralité. La littérature est un terrain tout indiqué pour jouer à multiplier les possibles. Le genre de l'utopie connaît donc un plein essor à ces époques. L'étymologie de son nom est double : elle peut dériver du grec *a-topos*, ce qui veut dire « lieu qui n'existe pas », ou du grec *eu-topos*, qui signifie « lieu parfait ». Elle permet de réaliser en paroles tous les fantasmes géographiques, sociaux et politiques. Réfléchissant aux conditions nécessaires à une parfaite justice entre les hommes, certains penseurs de la Renaissance imaginent une société où les individus seraient parfaitement égaux (Thomas More, p. 113). Le scientifique et philosophe Francis Bacon (1561-1626), pour sa part, se prend à rêver dans *La Nouvelle Atlantide* (1627) à une société où l'état des connaissances serait parvenu à son plein accomplissement.

Tandis qu'au Moyen Âge et dès la fin de l'Antiquité les penseurs religieux comme saint Augustin [1] opposaient frontalement le monde terrestre, voué à la faillite et à la destruction, et la Cité éternelle de

1. ***Saint Augustin*** : voir note 2, p. 105.

Dieu, des auteurs chrétiens de la Renaissance imaginent des cités humaines qui épousent l'ordre divin (Tommaso Campanella, p. 116). Certains philosophes vont plus loin. Ils ne considèrent pas seulement que l'édification d'un monde terrestre parfait est possible ; ils estiment que puisqu'elle est possible et que notre monde, à leur sens, a été créé par Dieu qui est lui-même parfait, nous vivons déjà dans le meilleur des mondes possibles. Cette thèse, qui réaffirme la bonté de Dieu et a pris le nom de *théodicée*, est notamment défendue par le philosophe allemand Gottfried Wilhelm Leibniz (1646-1716). Elle rencontre cependant la ferme hostilité d'une partie des écrivains des Lumières, qui commencent en conséquence à se méfier du mythe du paradis terrestre et des spéculations utopistes. Voltaire compte parmi les plus virulents dans leurs rangs (p. 120).
Mais si l'utopie au présent reste inaccessible, les auteurs peuvent encore se projeter dans le futur. Ils mesurent en ce cas les conditions auxquelles le présent pourrait être amélioré. Le futur se révèle de la sorte un lieu de l'utopie à part entière (Louis Sébastien Mercier, p. 124). Enfin, le genre littéraire de l'uchronie propose dans le même but un autre bouleversement, temporel celui-ci : il s'agit d'envisager ce qu'aurait pu être notre présent si tel événement de notre passé avait été modifié.

22. Thomas More, *L'Utopie* (1516)

Humaniste et grand ami d'Érasme, haut dignitaire à la cour d'Angleterre, Thomas More (1477/78-1535) fut pourtant décapité pour avoir ouvertement désapprouvé, au nom de sa foi catholique, le divorce du roi Henri VIII et refusé de le reconnaître comme chef suprême de l'Église anglicane. More est mondialement célèbre pour son ouvrage *L'Utopie*, qui décrit un pays de nulle part où règnent l'abondance de biens, la justice sociale, la tolérance et la sagesse. Dans l'extrait suivant, le personnage principal, voyageur fictif, décrit son émerveillement devant cette société idéale...

[Le bonheur des hommes réside dans la perfection du savoir]

La plupart consacrent ces heures de loisir à l'étude. Chaque jour en effet des leçons accessibles à tous ont lieu avant le début du jour, obligatoires pour ceux-là seulement qui ont été personnellement destinés aux lettres. Mais, venus de toutes les professions, hommes et femmes y affluent librement, chacun choisissant la branche d'enseignement qui convient le mieux à sa forme d'esprit. Si quelqu'un préfère consacrer ces heures libres, de surcroît, à son métier, comme c'est le cas pour beaucoup d'hommes qui ne sont tentés par aucune science, par aucune spéculation, on ne l'en détourne pas. Bien au contraire, on le félicite de son zèle à servir l'État.

Après le repas du soir, on passe une heure à jouer, l'été dans les jardins, l'hiver dans les salles communes qui servent aussi de réfectoire. [...] Les Utopiens ignorent complètement les dés et tous les jeux de ce genre, absurdes et dangereux. Mais ils pratiquent deux divertissements qui ne sont pas sans ressemblance avec les échecs. L'une est une bataille de nombres où la somme la plus élevée est victorieuse ; dans l'autre, les vices et les vertus s'affrontent en ordre de bataille. Ce jeu montre fort habilement comment les vices se font la guerre les uns aux autres, tandis que la concorde règne entre les vertus ; quels vices s'opposent à quelles vertus ; quelles forces peuvent les attaquer de front, par quelles ruses on peut les prendre de biais, sous quelle protection les vertus brisent l'assaut des vices, par quels arts elles déjouent leurs efforts, comment enfin un des deux partis établit sa victoire. [...]

Jouissent d'une immunité[1] analogue[2] [à celles des phylarques] ceux auxquels le peuple, sur la recommandation des

1. ***Une immunité*** : une dérogation, un privilège.
2. ***Analogue*** : semblable.

prêtres et par un vote secret des syphograntes[1], accorde une dispense à vie afin qu'ils puissent se consacrer tout entiers aux études. Si l'un d'eux déçoit l'espérance qu'on a mise en lui, il est renvoyé parmi les ouvriers. Il n'est pas rare en revanche qu'un ouvrier consacre aux lettres ses heures de loisir avec une telle ferveur, et obtienne par son zèle de tels résultats, qu'on le décharge de sa besogne pour le promouvoir parmi les lettrés. C'est parmi eux que l'on choisit les ambassadeurs, les prêtres, les tranibores[2], enfin le prince lui-même, appelé Barzanès dans l'ancienne langue, Ademus dans celle d'à présent.

Thomas More, *L'Utopie*, trad. M. Delcourt, GF-Flammarion, 1987, p. 149-150 et 152.

utopie -> humaniste

■ ***La Cité idéale*** **(dit aussi *Panneau d'Urbino*), vers 1480, Urbino (Italie), Palais ducal.**
Par ses proportions parfaites, cette Cité idéale symbolise l'harmonie sociale d'un monde pacifié. Ella a inspiré jusqu'aux architectes du XXe siècle, comme Le Corbusier (1887-1965).

1. Les ***phylarques*** et les ***syphograntes*** sont, en Utopie, des magistrats élus.
2. Les ***tranibores*** sont, en Utopie, les conseillers du prince.

Questions

1. Par quels aspects ce texte relève-t-il du genre utopique ?
2. Le projet de liberté et de connaissance valorisé dans ce texte vous paraît-il réalisable ?

Exposé

Comparez ce passage avec l'abbaye de Thélème décrite par François Rabelais (1483/94-1553) au chapitre LVII de *Gargantua*. Quelles sont les ambitions éducatives des humanistes ?

Essai philosophique

Si vous deviez proposer une utopie pour le XXIe siècle, quelle serait-elle ?

---

23. Tommaso Campanella, *La Cité du Soleil* (1604)

Moine et philosophe italien (1568-1639), Tommaso Campanella a passé plus de vingt-cinq ans dans les prisons de l'Inquisition[1] où il dut simuler la folie pour échapper à la mort. Libéré en 1629, il fuit à Paris, où il termine ses jours dans un couvent dominicain[2]. Esprit éclairé, il correspond, malgré son incarcération, avec les hommes les plus illustres de son temps, qui lui vouent une grande admiration, et rédige des dizaines d'ouvrages touchant aux domaines les plus divers, de l'art de la cavalerie à la philosophie, en passant par la poésie, la magie et l'astrologie. Rédigé en latin, *La Cité du Soleil* décrit une utopie qui est à la fois théocratique, en ce que le pouvoir politique y est soutenu par la volonté divine, et collectiviste, car tous les biens y sont mis en commun. Dans l'extrait suivant, le narrateur

1. ***Inquisition*** : voir note 2, p. 58.
2. ***Dominicain*** : voir note 1, p. 58.

raconte comment cette cité parfaite fonctionne en harmonie avec la nature.

L'agriculture

Les Solariens sont des agriculteurs fort habiles, et ils ne laissent pas une palme[1] de terre sans en tirer quelque produit. Ils consultent pour tous les travaux agricoles les vents et les constellations favorables. Lorsqu'il s'agit de labourer, de semer, de remuer profondément le sol, de sarcler[2], de faire la moisson, les vendanges et les diverses récoltes, tous les citoyens, à l'exception d'un petit nombre qui reste pour garder la ville, sortent en armes dans la campagne, au son des tambours, des trompettes, et les bannières déployées. En quelques heures les plus grands travaux sont achevés avec perfection. Ils ont inventé d'immenses chariots à voiles, qui marchent même contre le vent, au moyen de roues s'engrenant en sens contraire, d'une manière ingénieuse ; lorsqu'il ne fait pas de vent, un seul cheval suffit pour les traîner. Pendant les travaux, des cavaliers armés parcourent la plaine à tour de rôle, pour protéger ceux qui les exécutent. On n'emploie ni le fumier ni la boue pour engraisser les terres, parce que les semences souffrent de ce contact impur, et que les produits d'un sol ainsi fécondé abrègent la vie de l'homme et débilitent sa constitution, le rendant en cela semblables aux enfants nés d'une femme qui cherche, non dans une vie active, mais dans le fard, un moyen d'augmenter sa beauté. C'est pourquoi les Solariens ne *fardent* pas la terre, mais la travaillent avec soin. Ils ont des procédés secrets pour que toutes les semences qu'ils lui confient germent avec promptitude et donnent des récoltes abondantes.

---

1. Bien qu'employé au féminin, ce terme évoque sans doute le ***palme***, une unité de mesure de longueur équivalant à la largeur d'une main d'adulte.

2. ***Sarcler*** : enlever les mauvaises herbes.

Ces arcanes[1] sont consignés dans un livre qu'ils appellent *Géorgiques*[2]. On consacre à la culture toute l'étendue de terrain nécessaire pour la nourriture des habitants ; le reste est laissé en pâturages.

Comme au temps d'Abraham et des patriarches[3], ils tiennent en grand honneur l'art d'élever et de perfectionner les races* de chevaux, de bœufs, de moutons, de chiens et de toute espèce* d'animaux domestiques ou apprivoisés, et les accouplemen[t]s sont réglés de manière à obtenir de beaux élèves. La peinture conserve les images des sujets les plus remarquables. Dans les pâturages, on ne laisse pas ensemble les étalons et les jumen[t]s ; c'est dans la cour intérieure des étables qu'on fait saillir[4] les femelles au moment le plus propice, selon les lois de l'astrologie. On consulte pour chaque espèce son signe particulier : pour le cheval, le sagittaire[5] ; pour les races bovine et ovine[6], le taureau et le bélier. L'influence des Pléiades[7] s'exerce sur les troupeaux de poules, d'oies, de canards. Les femmes se plaisent à les mener paître près de la ville : là sont des enclos où elles se renferment et où elles s'occupent à faire le fromage, le beurre et les autres préparations de laitage. Elles élèvent une grande quantité de chapons[8], etc. Un livre intitulé *Bucoliques*[9] leur enseigne tout ce qui concerne l'art pastoral. […] C'est un beau spectacle de voir hommes et femmes se rendre par groupes à leurs travaux, sous

1. ***Arcanes*** : secrets de fabrication.
2. C'est le titre d'une œuvre du poète romain Virgile (70-19 av. J.-C.) consacrée à l'agriculture et l'élevage.
3. Dans la Bible, les ***patriarches*** sont les pères fondateurs du peuple juif. Abraham est l'un d'entre eux.
4. ***Saillir*** : féconder.
5. ***Sagittaire*** : constellation ayant la forme d'un centaure armé d'un arc.
6. ***Ovine*** : de la famille du mouton.
7. ***Pléiades*** : amas d'étoiles brillantes dans la constellation du Taureau.
8. ***Chapons*** : coqs castrés.
9. Titre d'une autre œuvre du poète Virgile, qui met en scène des bergers.

la direction de leurs rois auxquels ils obéissent avec plaisir, comme on obéit à un père ou à un frère aîné. Il y a des bois et des forêts peuplés d'animaux sauvages où les Solariens vont se livrer aux exercices de la chasse. [...]

Ils se nourrissent de miel, de beurre, de fromage, de dattes, de légumes d'espèces diverses et de la chair des animaux. Dans le principe, ils s'abstenaient de chair, parce qu'ils trouvaient cruel de détruire des êtres animés ; mais plus tard, considérant qu'il n'était pas moins cruel de détruire les plantes qui elles aussi sont douées de vie et de sentiment, et voyant qu'avec ce système l'homme serait réduit à mourir de faim, ils comprirent que les êtres inférieurs ont été créés pour les besoins des êtres supérieurs. Aujourd'hui donc ils mettent à contribution pour se nourrir les animaux aussi bien que les produits de la terre. Mais ils ne se décident pas facilement à mettre à mort les animaux utiles, par exemple, les bœufs et les chevaux. La médecine leur a appris à distinguer les substances salubres de celles qui sont vénéneuses. Voici l'ordre suivi pour le service des mets :

Un jour ils mangent de la viande ; le lendemain des poissons, le surlendemain des légumes, et ils reviennent ensuite à la chair pour empêcher que l'estomac ne se fatigue, et que le corps ne se débilite[1].

Tommaso Campanella, *La Cité du Soleil, ou Idée d'une république philosophique*, trad. Villegardelle, Alphonse Levavasseur, 1840, p. 118-121 et 123-124.

Questions

1. Comment s'organise la vie sur Heliaca (la cité du Soleil) ?

2. Montrez que dans cette société sans argent ni propriété privée, les Solariens vivent selon des principes très stricts de vie communautaire.

1. ***Se débilite*** : s'affaiblisse.

Exposé

La création d'une cité idéale fondée sur la simplicité et la raison est largement redevable au philosophe grec Platon (v. 428-v. 348 av. J.-C.) qui développe dans sa *République* l'utopie d'une cité parfaite. Montrez que la « république philosophique » de Campanella s'inspire des mêmes principes de communauté que Platon.

Débat

Qu'est-ce qu'une société « juste » ? Vous paraît-elle réalisable ?

24. Voltaire, *Candide ou l'Optimisme* (1759)

Publié sous pseudonyme en janvier 1759 à Genève, en Suisse, *Candide ou l'Optimisme* a emblématisé depuis sa parution le genre du conte philosophique. C'est l'occasion pour Voltaire (1694-1778), en jouant sur la fiction et l'étude sociologique, d'incarner le philosophe, au sens moderne que le terme va prendre à partir des Lumières : celui qui doit permettre une amélioration des conditions sociales et politiques, par le développement du savoir et de la rationalité scientifique. Dans l'extrait suivant, Candide et son valet Cacambo arrivent dans l'Eldorado, pays mythique, dont on croyait qu'il existait en Amérique du Sud. Si cette utopie nourrit la satire voltairienne contre la société de son temps, elle permet également à l'auteur de faire l'éloge des valeurs pour lesquelles se battent les philosophes des Lumières.

Ce qu'ils virent dans le pays d'Eldorado

Cacambo témoigna à son hôte toute sa curiosité ; l'hôte lui dit : « Je suis fort ignorant, et je m'en trouve bien ; mais nous avons ici un vieillard retiré de la cour qui est le plus savant homme du royaume, et le plus communicatif. » Aussitôt il mène

Cacambo chez le vieillard. Candide ne jouait plus que le second personnage, et accompagnait son valet. Ils entrèrent dans une maison fort simple, car la porte n'était que d'argent, et les lambris[1] des appartements n'étaient que d'or, mais travaillés avec tant de goût que les plus riches lambris ne l'effaçaient pas. L'antichambre n'était à la vérité incrustée que de rubis et d'émeraudes; mais l'ordre dans lequel tout était arrangé réparait bien cette extrême simplicité.

Le vieillard reçut les deux étrangers sur un sofa matelassé de plumes de colibri, et leur fit présenter des liqueurs dans des vases de diamant; après quoi il satisfit à leur curiosité en ces termes :

« Je suis âgé de cent soixante et douze ans, et j'ai appris de feu mon père, écuyer du roi, les étonnantes révolutions du Pérou dont il avait été témoin. […] »

La conversation fut longue; elle roula sur la forme du gouvernement, sur les mœurs, sur les femmes, sur les spectacles publics, sur les arts. Enfin Candide, qui avait toujours du goût pour la métaphysique*, fit demander par Cacambo si dans le pays il y avait une religion.

Le vieillard rougit un peu.

« Comment donc, dit-il, en pouvez-vous douter ? Est-ce que vous nous prenez pour des ingrats ? »

Cacambo demanda humblement quelle était la religion d'Eldorado. Le vieillard rougit encore :

« Est-ce qu'il peut y avoir deux religions ? dit-il. Nous avons, je crois, la religion de tout le monde; nous adorons Dieu du soir jusqu'au matin.

– N'adorez-vous qu'un seul Dieu ? dit Cacambo, qui servait toujours d'interprète aux doutes de Candide.

– Apparemment, dit le vieillard, qu'il n'y en a ni deux, ni trois, ni quatre. Je vous avoue que les gens de votre monde font des questions bien singulières. »

1. ***Lambris*** : revêtements décoratifs des murs ou des plafonds.

Candide ne se lassait pas de faire interroger ce bon vieillard ; il voulut savoir comment on priait Dieu dans l'Eldorado.

« Nous ne le prions point, dit le bon et respectable sage ; nous n'avons rien à lui demander, il nous a donné tout ce qu'il nous faut ; nous le remercions sans cesse. »

Candide eut la curiosité de voir des prêtres ; il fit demander où ils étaient. Le bon vieillard sourit.

« Mes amis, dit-il, nous sommes tous prêtres ; le roi et tous les chefs de famille chantent des cantiques d'actions de grâces [1] solennellement tous les matins, et cinq ou six mille musiciens les accompagnent. »

– Quoi ! Vous n'avez point de moines qui enseignent, qui disputent, qui gouvernent, qui cabalent [2], et qui font brûler les gens qui ne sont pas de leur avis ?

– Il faudrait que nous fussions fous, dit le vieillard ; nous sommes tous ici du même avis, et nous n'entendons pas ce que vous voulez dire avec vos moines. »

Candide à tous ces discours demeurait en extase, et disait en lui-même :

« Ceci est bien différent de la Vestphalie [3] et du château de monsieur le baron : si notre ami Pangloss avait vu Eldorado, il n'aurait plus dit que le château de Thunder-ten-tronckh était ce qu'il y avait de mieux sur la terre ; il est certain qu'il faut voyager. »

[...]

Vingt belles filles de la garde reçurent Candide et Cacambo à la descente du carrosse, les conduisirent aux bains, les vêtirent de robes d'un tissu de duvet de colibri ; après quoi les grands officiers et les grandes officières de la couronne les menèrent à

---

1. ***Cantiques d'actions de grâces*** : chants qui rendent grâce à Dieu.

2. ***Cabalent*** : complotent, intriguent.

3. Région du Saint Empire romain germanique (voir note 1, p. 14), aujourd'hui orthographiée *Westphalie*, d'où Candide est originaire.

l'appartement de Sa Majesté au milieu de deux files, chacune de mille musiciens, selon l'usage ordinaire. Quand ils approchèrent de la salle du trône, Cacambo demanda à un grand officier comment il fallait s'y prendre pour saluer Sa Majesté : si on se jetait à genoux ou ventre à terre ; si on mettait les mains sur la tête ou sur le derrière ; si on léchait la poussière de la salle ; en un mot, quelle était la cérémonie. « L'usage, dit le grand officier, est d'embrasser le roi et de le baiser des deux côtés. » Candide et Cacambo sautèrent au cou de Sa Majesté, qui les reçut avec toute la grâce imaginable, et qui les pria poliment à souper.

En attendant, on leur fit voir la ville, les édifices publics élevés jusqu'aux nues, les marchés ornés de mille colonnes, les fontaines d'eau pure, les fontaines d'eau rose, celles de liqueurs de canne de sucre qui coulaient continuellement dans de grandes places pavées d'une espèce de pierreries qui répandaient une odeur semblable à celle du gérofle [1] et de la cannelle. Candide demanda à voir la cour de justice, le parlement ; on lui dit qu'il n'y en avait point, et qu'on ne plaidait jamais. Il s'informa s'il y avait des prisons, et on lui dit que non. Ce qui le surprit davantage, et qui lui fit le plus de plaisir, ce fut le palais des sciences, dans lequel il vit une galerie de deux mille pas, toute pleine d'instruments de mathématiques et de physique.

Après avoir parcouru toute l'après-dînée à peu près la millième partie de la ville, on les ramena chez le roi. Candide se mit à table entre Sa Majesté, son valet Cacambo, et plusieurs dames. Jamais on ne fit meilleure chère, et jamais on n'eut plus d'esprit à souper qu'en eut Sa Majesté. Cacambo expliquait les bons mots du roi à Candide, et quoique traduits, ils paraissaient toujours des bons mots.

Voltaire, *Candide*, Flammarion, coll. « Étonnants Classiques », 2017, p. 105-109.

---

1. *Gérofle* : girofle, arbre aromatique.

Questions

1. Justifiez l'appartenance de ce texte au genre du conte philosophique.

2. Par quels aspects la description du pays d'Eldorado permet-elle à Voltaire, en critiquant implicitement la société établie, d'exprimer les idées des Lumières ?

25. Louis Sébastien Mercier, *L'An 2440. Rêve s'il en fût jamais* (1771)

Romancier, dramaturge novateur, essayiste, critique littéraire et journaliste de renom, Louis Sébastien Mercier (1740-1814) figure parmi les auteurs les plus originaux mais aussi les plus difficilement classables de la fin des Lumières. Très critique à l'égard de la Révolution et de ses excès, ce qui lui vaut d'être arrêté et peu à peu oublié sous l'Empire, il publie en 1771 *L'An 2440*. Premier ouvrage d'anticipation de l'histoire de la littérature, il annonce le genre de l'uchronie, qui consiste à récrire l'Histoire en modifiant un événement passé. Derrière cette œuvre visionnaire, très différente des utopies traditionnelles, l'auteur écorche la société de son temps : son ouvrage est interdit. Dans l'extrait suivant, le narrateur, qui s'est endormi à Paris un soir de 1768, s'y réveille en 2440, âgé de sept cents ans...

J'ai sept cents ans

[...] J'étais un peu las : je fermai ma porte et me couchai. Dès que le sommeil se fut étendu sur mes paupières, je rêvai qu'il y avait des siècles que j'étais endormi, et que je m'éveillais. Je me levai, et je me trouvai d'une pesanteur à laquelle je n'étais pas accoutumé. Mes mains étaient tremblantes, mes pieds chancelants. En me regardant dans mon miroir, j'eus peine à reconnaître mon visage. Je m'étais couché avec des cheveux blonds, mon front était sillonné de rides, mes cheveux étaient blanchis, j'avais deux os saillants au-dessous des yeux, un long nez, et une couleur pâle et blême était répandue sur toute ma figure. […]

En sortant de chez moi je vis une place publique qui m'était inconnue. On venait d'y dresser une colonne pyramidale qui attirait les regards des curieux. J'avance, et je lis très distinctement : L'an de grâce MMCCCCXL. Ces caractères étaient gravés sur le marbre en lettres d'or.

D'abord je m'imaginai que c'était une erreur de mes yeux, ou plutôt une faute de l'artiste, et je m'apprêtais à en faire la remarque, lorsque ma surprise devint plus grande en jetant la vue sur deux ou trois édits du souverain attachés aux murailles. […] Je vis la même date MMCCCCXL fidèlement empreinte sur tous les papiers publics. Eh, quoi ! dis-je en moi-même, je suis donc devenu bien vieux, sans m'en apercevoir : quoi, j'ai dormi six cent soixante-douze années !

Tout était changé. Tous ces quartiers qui m'étaient si connus, se présentaient à moi sous une forme différente et récemment embellie. Je me perdais dans de grandes et belles rues proprement alignées. J'entrais dans des carrefours spacieux où régnait un si bon ordre que je n'y apercevais pas le plus léger embarras. Je n'entendais aucun de ces cris confusément bizarres qui déchiraient jadis mon oreille. Je ne rencontrais point de voitures prêtes à m'écraser. […] La ville avait un air animé, mais sans trouble et sans confusion.

J'étais si émerveillé, que je ne voyais pas les passants s'arrêter et me considérer des pieds à la tête avec le plus grand étonnement. Ils haussaient les épaules et souriaient, comme nous sourions nous-mêmes lorsque nous rencontrons un masque. En effet mon habillement devait leur paraître original et grotesque, tant il était différent du leur.

Un citoyen (que je reconnus dans la suite pour un savant) s'approcha de moi, et me dit poliment, mais avec une gravité ferme :

« Bon vieillard, à quoi sert ce déguisement ? Votre projet est-il de nous retracer les ridicules usages d'un siècle bizarre ? Nous n'avons aucune envie de les imiter. Laissez là ce vain badinage[1].

– Comment ? lui répondis-je, je ne suis point déguisé ; je porte les mêmes habits que je portais hier : ce sont vos colonnes, vos affiches qui mentent. Vous semblez reconnaître un autre souverain que Louis XV. Je ne sais quelle peut être votre idée, mais je la crois dangereuse, je vous en avertis ; on ne joue point de pareilles mascarades[2] ; on n'est point fou de cette force-là. En tout cas vous êtes des imposteurs bien gratuits, car vous ne pouvez pas ignorer que rien ne prévaut contre l'évidence de sa propre existence. »

Soit que cet homme se persuadât que j'extravaguais, soit qu'il pensât que le grand âge que je paraissais avoir me faisait radoter, il me demanda en quelle année j'étais né.

« En 1740, lui répondis-je.

– Eh bien, à ce compte, vous avez au juste sept cents ans. Il ne faut s'étonner de rien, dit-il à la multitude qui m'environnait […] et Monsieur, peut-être, a trouvé l'élixir immortel ou la pierre philosophale. »

En prononçant ces mots il souriait, et chacun se pressait autour de moi avec une complaisance et un respect tout particuliers. Ils brûlaient tous de m'interroger, mais la discrétion enchaînait leur langue[3] ; ils se contentaient de dire tout bas : « Un homme du siècle de Louis XV ! oh, que cela est curieux[4] ! »

Louis Sébastien Mercier, *L'An 2440. Rêve s'il en fût jamais*,
Londres, éditeur inconnu, 1771, chap. II, p. 13-17.
Orthographe modernisée.

---

1. ***Badinage*** : amusement puéril.
2. ***Mascarades*** : fêtes déguisées.
3. ***La discrétion enchaînait leur langue*** : la pudeur les retenait de parler.
4. Dans les *Lettres persanes*, Montesquieu raille déjà la curiosité « qui va jusqu'à l'extravagance » des Parisiens regardant le Persan Rica comme s'il avait « été envoyé du ciel » (voir texte 16, p. 83).

LA CARTOGRAPHIE : ENJEU DE SAVOIR, ENJEU DE POUVOIR

Les premières cartes marines reçurent le nom de *portulans* (voir zoom, p. 71). Véritables chefs-d'œuvre esthétiques par la magnificence de leurs enluminures et de leurs ornements, ces objets de savoir étaient aussi des objets de pouvoir, destinés à affirmer l'ambition politique des princes et des gouvernants, ainsi que leurs motivations économiques.

Alî ibn Ahmad ibn Mohammad al-Scharqî, *Portulan de la mer Méditerranée*, 1551, Paris, BNF.

Les Arabes ont beaucoup contribué au développement des instruments de navigation : ils ont par exemple introduit l'usage de la boussole en Méditerranée dès le XIIe siècle. À la même époque, certains marins arabes, originaires notamment du Maghreb, élaborent les premiers portulans.

Guillaume Le Testu, *Cosmographie universelle, selon les navigateurs tant anciens que modernes*, 1555, Paris, BNF.

Les indications topographiques des premières cartes marines étaient quelque peu rudimentaires, voire fantaisistes. Cette carte dessinée et rehaussée au pinceau représente une région sommairement dénommée « partie des cannibales » : on y voit des hommes nus qui s'entretuent.

RENAISSANCE ET INVITATION AU VOYAGE

À la Renaissance, les voyageurs occidentaux accèdent à de nouvelles terres. Ces expéditions et les conquêtes coloniales donnent aux Européens l'impression de dominer le monde, en maîtrisant les territoires qui le composent. Pourtant, la rencontre d'autres cultures parfois fort différentes alimente aussi leurs doutes et leurs questionnements.

Hans Holbein le Jeune, *Jean de Dinteville et Georges de Selve* dit *Les Ambassadeurs*, 1533, Londres (Royaume-Uni), National Gallery.

Ce tableau d'Hans Holbein le Jeune (v. 1497-1543) montre deux ambassadeurs français, vêtus de riches habits et placés dans un somptueux décor. Parmi les objets servant à l'étude et disposés sur l'étagère, on remarque une sphère céleste, qui situe les constellations dans le ciel, et un globe terrestre.
La réussite sociale des ambassadeurs est toutefois remise en cause par le crâne en anamorphose (représentation distordue d'un objet qui ne reprend sa configuration d'origine que regardé d'un certain point de vue ou à l'aide d'un instrument optique), qui invite à méditer sur la fragilité de la condition humaine.

Johannes Vermeer, *Le Soldat et la jeune fille riant*, 1658, collection particulière.
Ce tableau de Vermeer (1632-1675) dépeint une jeune femme en pleine conversation avec un soldat dans un intérieur paisible. De la fenêtre ouverte entre une douce lumière extérieure et le soldat semble faire à sa compagne le récit de ses aventures. Sur le mur du fond se déploie une grande carte de la Hollande, représentation réaliste du monde autant qu'ouverture sur l'ailleurs.

L'ILLUSION DU RÉEL

À partir de la Renaissance, les peintres s'intéressent à la manière dont le point de vue adopté modifie la représentation d'un objet. L'usage de la perspective leur permet d'immerger le spectateur dans la vision qu'ils lui proposent. Le goût pour les natures mortes se développe également : ces peintures où ne figure aucun sujet animé mettent en scène des objets ou de la nourriture avec un grand souci du détail.

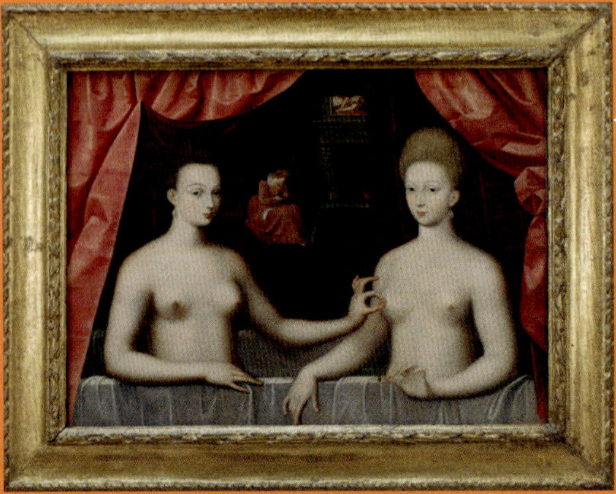

Anonyme français, *Portrait présumé de Gabrielle d'Estrées et de sa sœur la duchesse de Villars*, v. 1594, Paris, musée du Louvre.

La Renaissance se caractérise par une grande liberté artistique, comme en témoigne ce tableau représentant Gabrielle d'Estrées (à droite) et sans doute une de ses sœurs, la duchesse de Villars, dans leur bain. Encadrées par des rideaux rouges qui concentrent le regard sur elles et soulignent la blancheur de leur peau, les deux femmes ressortent nettement au premier plan. D'autres rideaux les séparent d'un arrière-plan domestique, où le peintre s'est amusé à inclure le coin d'un tableau, au-dessus de la cheminée.

Samuel Van Hoogstraten, *Peepshow avec vues de l'intérieur d'une maison hollandaise*, v. 1655-60, Londres (Royaume-Uni), National Gallery.

On appelle *trompe-l'œil* une surface ou un objet peints avec assez de réalisme pour tromper l'observateur. Cet art, qui remonte à la peinture gréco-romaine, s'est considérablement développé durant la Renaissance. Les *peepshows* réutilisent ce principe. Ce sont des objets à l'intérieur desquels le spectateur peut regarder pour avoir l'impression de se plonger dans une scène.

Jean Siméon Chardin, *Le Bocal d'olives*, 1760, Paris, musée du Louvre.

Le talent de Jean Siméon Chardin (1699-1779) pour les natures mortes a été salué par Diderot (voir texte 28, p. 136). Les reflets de la lumière sur les objets représentés constituent un enjeu récurrent de ce genre pictural. De même, les effets de transparence permis par les contenants en verre et les liquides qui les remplissent sont l'occasion pour le peintre de faire étalage de sa remarquable maîtrise technique.

“C'est qu'il n'y a qu'à prendre ces biscuits et les manger, cette bigarade l'ouvrir et la presser, ce verre de vin et le boire, ces fruits et les peler, ce pâté et y mettre le couteau.”

(Denis Diderot, p. 137)

L'HOMME ET L'ANIMAL : UNE TROUBLANTE PARENTÉ

Différences et ressemblances éloignent et rapprochent l'homme de l'animal. On a traditionnellement établi une nette séparation de nature entre eux, justifiant ainsi l'exploitation des animaux et la consommation de leur viande. Mais les arts picturaux, en soulignant les similitudes d'aspect entre hommes et bêtes, rappellent que d'autres rapports de proximité sont possibles.

Gaston Phébus, « Des maladies des chiens et de leurs conditions », *Livre de la chasse*, XVe siècle, Paris, BNF.

L'animal a toujours exercé une incroyable fascination sur l'homme et la domestication utilitaire n'empêche pas que se tisse un lien émotionnel. Dans cette enluminure par exemple, les hommes prennent soin de leurs chiens de chasse.

Paul Gauguin, *Arearea* dit *Joyeusetés*, 1892, Paris, musée d'Orsay.

Le récit du navigateur Bougainville (voir texte 9, p. 52) est à l'origine d'une représentation mythique et paradisiaque de Tahiti en France métropolitaine. Cette vision influence la perception du peintre Paul Gauguin (1848-1903) lorsqu'il s'y installe. Dans ce tableau, la relation apaisée entre les femmes et l'animal au premier plan symbolise l'harmonie naturelle d'un univers enchanteur.

© Selva / Leemage

André Le Grand, d'après Charles Le Brun, *Deux têtes de bœufs et trois têtes d'hommes en relation avec le bœuf*, 1806.

Premier peintre du roi Louis XIV, Charles Le Brun (1619-1690) met en relation des têtes d'hommes avec celles d'animaux (ici le bœuf) dans ses dessins. Ses travaux figurent parmi les premières études liées à la physiognomonie, cette méthode qui prétendait déduire le caractère d'un être humain à partir des traits de son visage.

© James Mollison

James Mollison, *Zidane, 7 ans, Pongo pygmaeus né en Indonésie*, photographie de la série *James and Other Apes*, 2004, p. 83.

Photographe états-unien né au Kenya en 1973, James Mollison s'est rendu célèbre par ses portraits de singes. Publié en 2004 avec une préface de Jane Goodall (voir texte 33, p. 162), son livre *James and Other Apes* (« James et autres primates ») présente les singes qui posent devant l'objectif de la même manière que l'on photographierait des sujets humains.

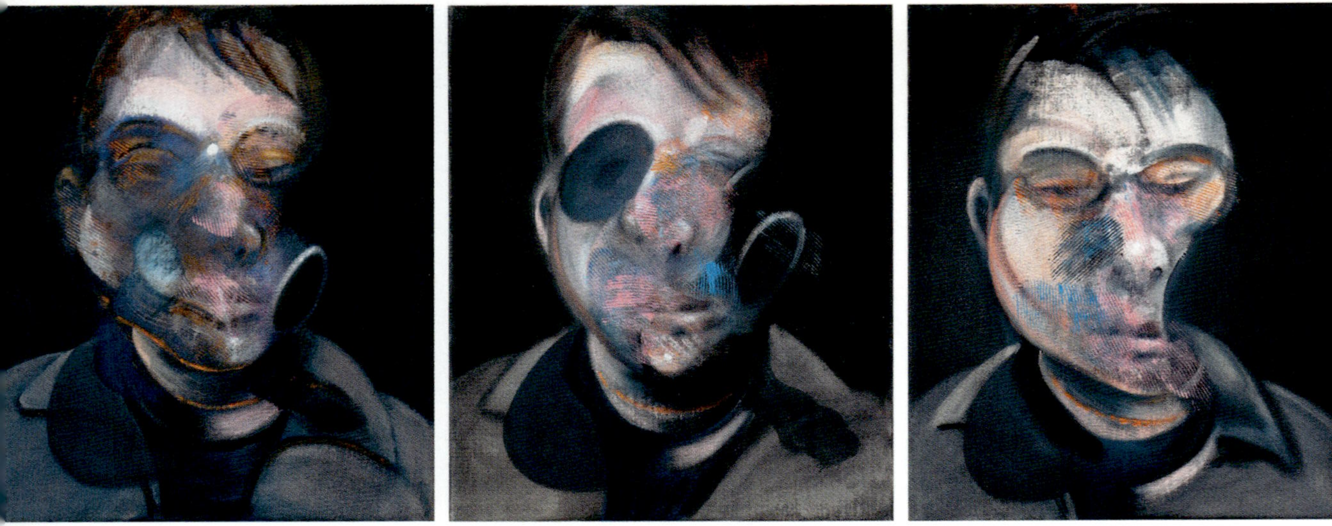

Francis Bacon, *Trois études pour autoportrait*, 1976, collection particulière.
En déformant son visage dans cette série d'autoportraits monstrueux, le peintre Francis Bacon (1909-1992) transforme son apparence au point de l'animaliser. Les couleurs crues – rose et rouge – rappellent celles de la chair à vif, accentuant cette impression de bestialité.

Création Studio Flammarion

Questions

1. En quoi les choix énonciatifs aident-ils à passer de la fiction narrative à l'illusion de réalité ?

2. À la différence des utopies traditionnelles qui invitent à un voyage spatial, l'anticipation de Louis Sébastien Mercier est conçue comme un voyage dans le temps. Quelle vision du Paris futur ce texte livre-t-il ?

3. Par quels aspects ce passage rend-il hommage au rationalisme des Lumières ?

Zoom sur : Catalogues, encyclopédies et cabinets de curiosités

Les « Grandes Découvertes » de la Renaissance ont stimulé un profond renouveau intellectuel. Les ouvrages d'histoire naturelle, c'est-à-dire traitant de la nature, inspirés des encyclopédies médiévales, se développent considérablement. Les savants cherchent à énumérer, à décrire et à classer les espèces* dans des catalogues raisonnés, même si l'enjeu scientifique cède parfois le pas aux descriptions merveilleuses, alimentées par les récits de voyage. Si certaines encyclopédies mélangent les animaux réels avec les créatures mythiques, monstres légendaires et autres animaux fabuleux, elles témoignent tout de même d'un réel appétit de savoir. L'époque incline au relativisme, c'est-à-dire qu'elle estime que tout jugement est porté par un observateur particulier dans une situation spécifique et qu'il n'existe donc pas de vérité absolue.

Dans ce climat d'effervescence, la connaissance est l'objet d'une réflexion épistémologique* : « Science sans conscience n'est que ruine de l'âme », écrit François Rabelais (1483/94-1553) dans *Pantagruel* (1532). En Europe, la découverte d'un nouveau continent provoque un choc important chez les savants : elle leur révèle l'étendue de leur ignorance et remet en doute tout ce qu'ils croyaient savoir. Aiguillonnés par cette prise de conscience, ils interrogent, en expérimentant ou en élaborant des raisonnements, la validité de théories qui étaient auparavant tenues pour acquises. Leurs ouvrages s'accompagnent de prologues, de préfaces, etc., qui visent à éveiller l'esprit critique du lecteur. La multiplication des dictionnaires ainsi que les réformes orthographiques favorisent la communication et donc les débats.

C'est à la Renaissance également qu'apparaissent en Europe les « cabinets de curiosités », qui sont les ancêtres de nos musées :

dans de petites pièces dédiées, aristocrates, notables et autres riches collectionneurs amassent tout ce que la nature produit d'extraordinaire et de curieux aux quatre coins du monde : animaux rares empaillés, crânes de singe, fossiles, coquillages, scarabées égyptiens... Ils y conservent aussi des antiquités et des objets d'art : ivoires richement sculptés, tableaux et médailles, livres rares, voire bateaux, comme des jonques ou des pirogues... Le but était de montrer mais aussi d'étudier l'infinie variété du monde pour s'y sentir un peu moins étranger.

4. L'art en perspective : comment représenter le monde ?

Depuis l'Antiquité et durant tout le Moyen Âge, les arts plastiques étaient ravalés au rang de simples techniques. Même si l'on admirait la virtuosité des artistes, leur pratique était tenue en moindre estime que les activités de l'esprit. Les activités manuelles passaient pour moins nobles que celles de l'intellect. Au Moyen Âge, on séparait ainsi les *arts mécaniques* des *arts libéraux*. Les arts mécaniques, tels que la peinture ou le tissage, étaient ceux qui utilisaient le travail manuel pour transformer une matière première en un produit. La catégorie des arts libéraux regroupait ceux des arts qui requéraient seulement des qualités intellectuelles et scientifiques, comme la grammaire, la géométrie ou l'astronomie.

Les artistes et théoriciens de la Renaissance reviennent sur cette hiérarchie pour revaloriser les arts. Néanmoins, eux non plus n'accordent pas la même valeur à toutes les disciplines. Un débat s'engage entre les partisans de la sculpture et ceux de la peinture, affrontement auquel on donne le nom de *paragone*. Léonard de Vinci (1452-1519) défend l'idée que la peinture est un art plus intellectuel que la sculpture, parce qu'elle propose une véritable pensée.

Dès le XVe siècle, les théoriciens s'emploient à codifier la peinture pour qu'elle se conforme à une nouvelle vision du monde, où l'art n'a plus pour seul but de célébrer la gloire de Dieu mais où il cherche à reproduire certains aspects (économiques, religieux, mathématiques) du monde vécu (Leon Battista Alberti, p. 130). La technique de la perspective suscite pour sa part des réflexions méthodologiques. Lorsque ces analyses sont formulées par des artistes talentueux comme Albrecht Dürer, elles servent de guide pour les futurs peintres (p. 132).
Au XVIIIe siècle, le champ des études sur l'art a acquis une pleine autonomie par rapport au domaine religieux. Une approche scientifique des œuvres se définit alors sous le nom d'esthétique. Le philosophe allemand Hegel, par exemple, s'y intéresse dans une démarche historique : il examine le déploiement de l'art à travers le cours de l'Histoire, afin de déterminer le sens que l'on peut accorder à ses évolutions (p. 139). Dans le même temps, la critique d'art se développe également. De grands écrivains et des amateurs éclairés rendent compte de leurs visites aux Salons où sont exposées les œuvres contemporaines (Denis Diderot, p. 136).

■ 26. Leon Battista Alberti, *Traité de la peinture* (1435)

Leon Battista Alberti (1404-1472) est un artiste et théoricien de l'art italien. La postérité a retenu notamment son *Traité de la peinture* (*De pictura* en latin), où il réhabilite la peinture pour l'établir au rang d'art majeur. Il la qualifie même de « fleur de tous les arts ». Il s'oppose ainsi à la classification médiévale qui considérait les arts plastiques comme des arts mécaniques (c'est-à-dire essentiellement manuels) inférieurs aux arts libéraux (c'est-à-dire intellectuels), tels que la grammaire ou la musique. C'est dans une perspective voisine de la sienne que Léonard de Vinci (1452-1519) déclare plus tard que « la peinture est une chose de l'esprit » (« la pittura è una cosa mentale » en italien). Non seulement elle spiritualise la matière par des formes et des couleurs, mais elle permet, selon Alberti, de mettre la beauté au service de la piété, jusqu'à faire de l'artiste de génie une sorte de Dieu parmi les hommes.

[Le premier des arts]

On dit que Phidias[1] fit en Élide[2] un Jupiter dont la beauté ajouta beaucoup au culte qu'on lui rendait.

On peut d'ailleurs très bien voir ce que la peinture ajoute aux plus honnêtes jouissances de l'esprit et à la beauté des choses : c'est que tu n'auras d'objet si précieux auquel la peinture n'accorde encore plus de prix et de grâce. L'ivoire, les pierres précieuses et tous les objets de prix sont rendus plus précieux par la main du peintre. L'or même, travaillé par la main du peintre, a beaucoup plus de valeur qu'une plus grande quantité d'or. Même le plomb, le métal le plus vil, si la main de Phidias ou de Praxitèle[3] en avait tourné des figures, semblera plus précieux que de l'argent brut et non travaillé. Le peintre Zeuxis[4] s'était mis à faire don de ses œuvres parce que, comme il le disait, on ne pouvait les acheter à leur prix. Il pensait qu'on ne saurait trouver un prix qui satisfît celui qui, peignant ou sculptant des êtres vivants, se distinguait comme un autre dieu parmi les mortels.

La peinture a donc en elle-même ce mérite que les artistes consommés, lorsqu'ils voient leurs œuvres admirées, comprennent qu'ils sont presque égaux à un dieu. N'est-il pas vrai que la peinture est le maître ou, du moins, le principal ornement de

1. ***Phidias*** (v. 500-v. 430 av. J.-C.) est le plus célèbre des sculpteurs grecs.
2. ***Élide*** : région du sud de la Grèce.
3. ***Praxitèle*** (v. 395-v. 330 av. J.-C.) est un autre grand sculpteur grec.
4. ***Zeuxis*** (464-398 av. J.-C.) est un peintre réputé pour ses trompe-l'œil remarquables.

tous les arts ? C'est en effet du peintre, si je ne m'abuse, que l'architecte a pris les architraves [1], les chapiteaux, les bases, les colonnes, les corniches [2] et tout ce qui fait le mérite des édifices. Ce sont la règle et l'art du peintre qui dirigent le lapicide [3], le sculpteur, tous les ateliers d'artisans et toutes les techniques artisanales. Enfin, il n'y a pas d'art, aussi humble soit-il, qui n'ait rapport avec la peinture, au point que tout ce qui apporte quelque beauté aux choses, est, j'ose le dire, emprunté à la peinture.

Leon Battista Alberti, *De Pictura (1435) / De la peinture*, trad. J.-L. Schefer, éd. J.-L. Schefer, intro. S. Deswarte-Rosa, © Éditions Macula, 1992 et 2014, p. 137-139.

Questions

1. Qu'est-ce qui permet à l'auteur d'affirmer que l'art pictural parvient à sublimer la réalité ?

2. Qu'est-ce qui fait la supériorité de la peinture sur les autres arts, d'après Alberti ?

3. En vous renseignant sur le contexte de la création artistique renaissante, expliquez pourquoi l'auteur insiste tant sur le rapport entre art et ferveur religieuse.

27. Albrecht Dürer, *Traité des proportions* (1528)

Albrecht Dürer (1471-1528) est un peintre et graveur allemand de la Renaissance, à l'origine d'une œuvre immense. Il s'est illustré dans le domaine de la couleur, en gouache et aquarelle (*Un étang en forêt*, v. 1496), mais aussi par des dessins aux contours savamment

1. ***Architraves*** : parties d'un édifice qui reposent directement sur les colonnes.
2. ***Corniches*** : moulures qui entourent le haut d'un mur.
3. ***Lapicide*** : graveur sur pierre.

élaborés (*Autoportrait nu*, vers 1509). Ses gravures témoignent de l'importante réflexion qu'il a menée sur les proportions picturales tout au long de sa carrière (voir la gravure reproduite p. 135), notamment depuis sa rencontre avec le peintre et graveur Jacopo de' Barbari en 1494. Son *Traité des proportions*, posthume, couronne cette recherche et médite sur les principes de composition et de géométrie à respecter pour produire de grandes œuvres. Dans l'extrait suivant, il énonce certains de ces préceptes.

[Les bons rapports]

Dans cet état d'erreur où nous nous trouvons en particulier maintenant, je suis incapable de donner une description valable et définitive de la mesure qui pourrait se rapprocher de la beauté véritable. Mais je voudrais dans la mesure de mon possible contribuer à écarter et retrancher de nos œuvres les grossières difformités, à moins que quelqu'un ne veuille s'attacher à produire avec application des choses difformes. Mais revenons, comme nous l'avons annoncé, au jugement des hommes. Il leur arrive de considérer un jour qu'une forme est belle et un autre jour ils lui en préfèrent une autre. Et lorsqu'ils commandent une œuvre à un maître, celui-ci doit être capable de satisfaire leurs désirs ; alors il mérite la gloire. Il doit être maître de son métier pour accomplir leur volonté. Il lui serait alors utile de savoir en son esprit quelle est la juste proportion à l'exclusion de toute autre pour pouvoir la faire apparaître aussi dans son œuvre.

Mais il me semble impossible que quelqu'un puisse se dire capable de montrer la meilleure mesure de la figure humaine. Car l'erreur est attachée à notre faculté de connaître et l'obscurité est si solidement établie en nous que, même en cherchant à tâtons, nous errons. Mais celui qui appuie son œuvre sur une démonstration géométrique et montre une vérité bien fondée, tout le monde doit le croire. Car on est alors enchaîné, et il est juste de tenir cet homme en ce domaine pour un maître ayant reçu un don de Dieu. Et les principes* de sa démonstration sont désirables à entendre, et ses œuvres encore plus agréables à voir. Parce que nous ne pouvons pas parvenir à la perfection, devons-nous donc abandonner complètement notre étude ? N'acceptons pas cette pensée bestiale. Car les hommes ont devant eux le mal et le bien : aussi convient-il à un homme raisonnable de choisir le meilleur. Et pour en revenir à la manière d'exécuter une œuvre meilleure, il faut d'abord donner à l'ensemble de bonnes et superbes proportions. Et ensuite chaque partie doit être habilement exécutée avec une attention particulière dans les plus petits détails comme dans les plus grands morceaux, si nous voulons extraire quelque chose de la beauté qui nous est donnée [par la nature] afin de nous rapprocher du juste but. Et comme l'homme, ainsi qu'il a été dit, est un ensemble formé de nombreuses parties réunies dont chacune a sa forme particulière, on doit accorder la même attention également à tous ces éléments ; que l'on fuie tout ce qui peut les altérer et que l'on s'en tienne avec application aux caractères naturels exacts sans s'en écarter, autant qu'il nous est possible. Exécuter quelque chose qui mérite la louange demande, avec une vive attention, une grande application. Car il faut d'abord, comme il a été décrit dans les livres précédents, s'attacher à la tête, voir quelle est sa rondeur particulière, puis de même pour les autres parties, voir quelle ligne particulière chacune réclame, qu'aucune règle ne permet de tracer et qui doivent être tracées seulement point à point. Et il faut mettre la même application à tracer le front, les joues, le nez, les yeux, la bouche et le menton avec leurs courbes et contre-courbes et les particularités de leurs formes sans négliger la moindre chose, qui doit être rendue après avoir été observée avec une attention particulière. Et de même que chaque partie en soi doit être convenablement dessinée, de même leur réunion doit créer une harmonie d'ensemble. Ensuite, le cou doit être adapté à la tête, ni trop

■ **Athanasius Kircher, *Chambre noire*, gravure extraite de son ouvrage *Ars Magna Lucis et Umbrae*, XVIIe siècle.**
Cette gravure met en évidence le fonctionnement de la chambre noire, étudié par le scientifique Athanasius Kircher (1602-1680). Lorsque la lumière réfléchie par des objets éclairés pénètre dans une pièce obscure par un orifice étroit, elle projette une image inversée de ces objets.

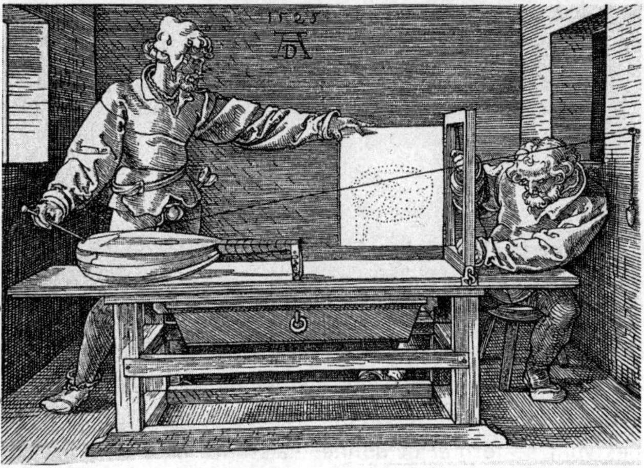

■ **Albrecht Dürer, gravure extraite de son traité de géométrie (*Underweysung der Messung*), 1525.**
Albrecht Dürer est renommé pour ses recherches sur la géométrie et la perspective. Il construit même un perspectographe, appareil permettant de dessiner en perspective.

court ni trop long, ni trop gros ni trop mince. Puis que l'on continue à s'appliquer à tracer la poitrine, le ventre, le dos, le séant, les jambes, les pieds, les bras et les mains avec tout ce que cela comprend, pour que même les plus petits détails soient faits convenablement et au mieux. Et aussi dans l'exécution du tableau, ces choses doivent être achevées avec la plus grande propreté et la plus grande application, et les moindres rides et les moindres plis ne doivent pas être négligés, autant qu'il est possible.

Albrecht Dürer, *Traité des proportions*, in *Lettres et écrits théoriques*, trad. P. Vaisse, © Hermann, 2008, livre III, p. 192-193.
www.editions-hermann.fr

Questions

1. Quelle précaution rhétorique l'auteur prend-il à l'égard de son lecteur ? Pour quelles raisons ?
2. Quels principes l'artiste doit-il respecter ? Ces principes permettent-ils d'atteindre la perfection ?
3. Qu'est-ce qui, malgré la difficulté de cet objet d'étude, rend possible et légitime un traité des proportions ?

28. Denis Diderot, « Salon de 1763 » (1763)

Denis Diderot (1713-1784) est l'un des pionniers, au XVIIIe siècle, de la critique d'art, à une époque où les Salons sont en plein essor. Les critiques s'y rendent pour apprécier les œuvres, prennent des notes et écrivent un compte rendu où le vocabulaire et les critères esthétiques vont se former et donner naissance à ce qu'il est convenu d'appeler le goût. L'esthétique de la réception prend ainsi de plus en plus d'ampleur et les *Salons* de Diderot vont constituer un modèle et un répertoire d'analyses critiques.

[Aussi vrai que nature]

C'est celui-ci qui est un peintre ; c'est celui-ci qui est un coloriste[1].

Il y a au Salon plusieurs petits tableaux de Chardin ; ils représentent presque tous des fruits avec les accessoires d'un repas. C'est la nature même ; les objets sont hors de la toile et d'une vérité à tromper les yeux.

Celui qu'on voit en montant l'escalier mérite surtout l'attention. L'artiste a placé sur une table un vase de vieille porcelaine de la Chine, deux biscuits, un bocal rempli d'olives, une corbeille de fruits, deux verres à moitié pleins de vin, une bigarade[2] avec un pâté.

Pour regarder les tableaux des autres, il semble que j'aie besoin de me faire des yeux ; pour voir ceux de Chardin, je n'ai qu'à garder ceux que la nature m'a donnés et m'en bien servir.

Si je destinais mon enfant à la peinture, voilà le tableau que j'achèterais. « Copie-moi cela, lui dirais-je, copie-moi cela encore. » Mais peut-être la nature n'est-elle pas plus difficile à copier.

C'est que ce vase de porcelaine est de la porcelaine ; c'est que ces olives sont réellement séparées de l'œil par l'eau dans laquelle elles nagent ; c'est qu'il n'y a qu'à prendre ces biscuits et les manger, cette bigarade l'ouvrir et la presser, ce verre de vin et le boire, ces fruits et les peler, ce pâté et y mettre le couteau.

C'est celui-ci qui entend l'harmonie des couleurs et des reflets. Ô Chardin ! Ce n'est pas du blanc, du rouge, du noir que tu broies sur ta palette : c'est la substance même des objets, c'est l'air et la lumière que tu prends à la pointe de ton pinceau et que tu attaches sur la toile.

---

1. ***Coloriste*** : artiste qui excelle dans l'emploi de la couleur.
2. ***Bigarade*** : sorte d'orange.

Après que mon enfant aurait copié et recopié ce morceau, je l'occuperais sur la *Raie dépouillée* du même maître. L'objet est dégoûtant, mais c'est la chair même du poisson, c'est sa peau, c'est son sang ; l'aspect même de la chose n'affecterait pas autrement. […] regardez bien ce morceau, quand vous irez à l'Académie [1], et apprenez, si vous pouvez, le secret de sauver par le talent le dégoût de certaines natures.

On n'entend rien à cette magie. Ce sont des couches épaisses de couleur appliquées les unes sur les autres et dont l'effet transpire de dessous en dessus. D'autres fois, on dirait que c'est une vapeur qu'on a soufflée sur la toile ; ailleurs, une écume légère qu'on y a jetée. Rubens, Berghem, Greuze, Loutherbourg [2] vous expliqueraient ce faire bien mieux que moi ; tous en feront sentir l'effet à vos yeux. Approchez-vous, tout se brouille, s'aplatit et disparaît ; éloignez-vous, tout se recrée et se reproduit.

On m'a dit que Greuze montant au Salon et apercevant le morceau de Chardin que je viens de décrire, le regarda et passa en poussant un profond soupir. Cet éloge est plus court et vaut mieux que le mien.

Qui est-ce qui payera les tableaux de Chardin, quand cet homme rare ne sera plus ? Il faut que vous sachiez encore que cet artiste a le sens droit et parle à merveille de son art.

Ah ! mon ami, crachez sur le rideau d'Apelle et sur les raisins de Zeuxis [3]. On trompe sans peine un artiste impatient et les

---

1. Le Salon présente les artistes sélectionnés par l'Académie royale de peinture et de sculpture.

2. Pierre Paul ***Rubens*** (1577-1640) : peintre baroque flamand ; Nicolaes ***Berghem*** ou Berchem (1620-1683) : peintre et graveur néerlandais ; Jean-Baptiste ***Greuze*** (1725-1805) : peintre et dessinateur français ; Philipp Jakob de ***Loutherbourg*** (1698-1768) : il s'agit ici du miniaturiste et graveur, dont le fils, Philippe Jacques, est un peintre réputé.

3. Selon la légende, Zeuxis peignit des raisins si ressemblants qu'ils trompèrent un oiseau venu les picorer. Le peintre avec lequel il était en compétition, Apelle dans certaines versions, peignit à son tour un rideau si réaliste

animaux sont mauvais juges en peinture. N'avons-nous pas vu les oiseaux du jardin du Roi aller se casser la tête contre la plus mauvaise des perspectives ? Mais c'est vous, c'est moi que Chardin trompera quand il voudra.

Denis Diderot, « Salon de 1763 », in *Œuvres complètes*, Garnier frères, 1875-1877, t. X, p. 194-195.

Questions

1. Que loue Diderot dans les tableaux de Chardin ? Quel critère artistique se dégage de cet éloge ?
2. Quel est l'effet produit par les mentions d'autres artistes ?
3. Dans votre expérience, comment l'art parvient-il à rendre esthétiquement agréable des objets pourtant laids ou dégoûtants ?

---

29. Hegel, *Esthétique* (1835-1837)

C'est un *leitmotiv* (un motif récurrent) depuis les réflexions du philosophe grec Aristote (382-322 av. J.-C.) sur le sujet : l'art devrait imiter la nature pour nous la révéler et nous la faire admirer. Au XVIIe siècle, cette doctrine* de la *mimèsis* (« imitation », en grec) va constituer une des règles de l'esthétique académique. Mais déjà à cette époque, le philosophe et mathématicien Blaise Pascal (1623-1662) invite à se méfier d'une interprétation trop rigoriste de la *mimèsis*, quand il écrit dans ses *Pensées* : « Quelle vanité que la peinture, qui attire l'admiration par la ressemblance des choses dont on n'admire point les originaux ! » Au siècle suivant, le philosophe allemand Georg Wilhelm Friedrich Hegel (1770-1831) se fait

---

qu'il trompa Zeuxis lui-même : celui-ci tenta de l'écarter pour découvrir le tableau qu'il croyait être derrière. Sur ***Zeuxis***, voir note 4, p. 131.

l'écho de cette critique, mais dans une autre perspective : si par imitation on entend une simple copie de la nature, alors celle-ci est dépourvue d'intérêt, car le véritable but de l'art consiste à faire entrer le spirituel dans le matériel, c'est-à-dire à nous faire accéder à l'idéal.

[L'art ne doit pas avoir l'imitation pour but]

C'est un vieux précepte que l'art doit imiter la nature ; on le trouve déjà chez Aristote. […]

D'après cette conception, le but essentiel de l'art consisterait dans l'imitation, autrement dit dans la reproduction habile d'objets tels qu'ils existent dans la nature, et la nécessité d'une pareille reproduction faite en conformité avec la nature serait une source de plaisirs. Cette définition assigne à l'art un but purement formel, celui de refaire une seconde fois, avec les moyens dont l'homme dispose, ce qui existe dans le monde extérieur, et tel qu'il y existe. Mais cette répétition peut apparaître comme une occupation oiseuse[1] et superflue[2], car quel besoin avons-nous de revoir dans des tableaux ou sur la scène, des animaux, des paysages ou des événements humains que nous connaissons déjà pour les avoir vus ou pour les voir dans nos jardins, dans nos intérieurs ou, dans certains cas, pour en avoir entendu parler par des personnes de nos connaissances ? On peut même dire que ces efforts inutiles se réduisent à un jeu présomptueux[3] dont les résultats restent toujours inférieurs à ce que nous offre la nature. C'est que l'art, limité dans ses moyens d'expression, ne peut produire que des illusions unilatérales[4], offrir l'apparence de la réalité à un seul de nos sens ; et, en fait, lorsqu'il ne va pas

1. ***Oiseuse*** : voir note 3, p. 65.
2. ***Superflue*** : qui n'est pas nécessaire.
3. ***Présomptueux*** : qui surestime ses capacités.
4. ***Unilatérales*** : qui ne portent que sur un seul côté des choses.

au-delà de la simple imitation, il est incapable de nous donner l'impression d'une réalité vivante ou d'une vie réelle : tout ce qu'il peut nous offrir, c'est une caricature de la vie. […] C'est ainsi que Zeuxis peignait des raisins qui avaient une apparence tellement naturelle que des pigeons s'y trompaient et venaient les picorer, et Praxeas peignit un rideau qui trompa un homme, le peintre lui-même[1]. On connaît plus d'une de ces histoires d'illusions créées par l'art. On parle, dans ces cas, d'un triomphe de l'art. […] On peut dire d'une façon générale qu'en voulant rivaliser avec la nature par l'imitation, l'art restera toujours au-dessous de la nature et pourra être comparé à un ver faisant des efforts pour égaler un éléphant. Il y a des hommes qui savent imiter les trilles du rossignol, et Kant[2] a dit à ce propos que, dès que nous nous apercevons que c'est un homme qui chante ainsi, et non un rossignol, nous trouvons ce chant insipide. Nous y voyons un simple artifice, non une libre production de la nature ou une œuvre d'art. Le chant du rossignol nous réjouit naturellement, parce que nous entendons un animal, dans son inconscience naturelle, émettre des sons qui ressemblent à l'expression de sentiments humains. Ce qui nous réjouit donc ici c'est l'imitation de l'humain par la nature.

Georg Wilhelm Friedrich Hegel, *Esthétique*, trad. S. Jankélévitch, Flammarion, coll. « Champs », 1979, p. 34-37.

1. Sur cette anecdote, voir note 3, p. 138. Hegel donne le nom de Praxeas au rival de Zeuxis.

2. Sur ***Kant***, voir p. 37. Hegel fait ici allusion à un passage de la *Critique de la faculté de juger* qui retint l'attention de l'esthétique romantique.

Questions

1. Pour quelles raisons Hegel invite-t-il à se méfier de la règle qui prescrit à l'artiste d'imiter la nature ? Que peut-on répondre à sa critique ?

2. Expliquez l'exemple du rossignol. À quoi sert-il dans l'argumentation de l'auteur ?

Débat

L'art doit-il nous éloigner du réel ?

Prolongements

À lire

- **George Orwell, *1984***, première édition 1949, **trad. J. Kamoun,** Gallimard, coll. « Du monde entier », 2018.
  Rédigé en 1948, ce célèbre roman d'anticipation décrit un monde angoissant dans lequel un parti unique contrôle tout. Une réflexion majeure qui nous met en garde sur les dérives possibles des utopies et autres systèmes trop parfaits.
- **Lionello Venturi, *Histoire de la critique d'art***, trad. J. Bertrand, Flammarion, 1968.
  Jusque récemment, ce livre était l'un des seuls à proposer une fresque historique qui reconstitue les différentes époques de la critique d'art de manière presque exhaustive. Une étude précieuse et riche.
- **Alexandre Gefen, *La Mimèsis***, GF-Flammarion, coll. « Corpus », 2002.
  Recueil de textes très bien choisis pour approfondir l'analyse du problème de l'imitation de la nature. Chaque texte est accompagné d'une présentation qui en expose le contexte, la portée et les enjeux.

Zoom sur : Les Salons, les musées et la critique

Le XVIIIe siècle est placé sous le signe des Lumières. L'optimisme intellectuel et le questionnement philosophique stimulent les belles lettres, dynamisent l'art et invitent à l'ouverture d'esprit. Sensibles à cette atmosphère, peintres, sculpteurs et graveurs cherchent à innover et prennent leurs distances avec les règles de la tradition classique. Sous l'impulsion des collectionneurs, des artistes eux-mêmes toujours plus nombreux et des mécènes qui les soutiennent financièrement, les œuvres se multiplient. Elles nécessitent la création de nouveaux lieux d'exposition. Dès 1737, se tiennent ainsi régulièrement à Paris des expositions publiques qui reçoivent le nom de « Salons » car elles ont lieu au salon Carré du Louvre.

Le succès est tel que ces Salons où exposent les artistes les plus prestigieux du royaume sont programmés sur un rythme bisannuel, soit tous les deux ans. Pour faire face à la fréquentation et au nombre considérable d'œuvres sélectionnées, un livret est publié pour accompagner chaque exposition. La presse populaire, qui se développe à cette époque, assure les comptes rendus de l'événement. Des critiques spécialisés étudient les œuvres présentées au public et analysent les techniques employées. Étienne La Font de Saint-Yenne (1688-1771) est considéré comme l'un des fondateurs de la critique d'art en France. Très polémique*, il défend l'idée d'un droit de chacun à parler des œuvres exposées au Salon. Sur bien des points, il influence la réflexion de Denis Diderot (1713-1784).

Les musées émergent également au XVIIIe siècle. Ils sont d'abord destinés à mettre en scène les valeurs de la monarchie auprès de l'opinion, à travers des œuvres d'art. Mais ils portent bientôt l'idéal des Lumières qui fait de l'accès du plus grand nombre aux œuvres d'art une exigence démocratique. Il ne s'agit plus de « collectionner » comme par le passé, mais de promouvoir dans un but didactique, c'est-à-dire d'instruction, un patrimoine reconnu d'utilité publique. Ainsi, à la Révolution française, le musée devient un lieu d'affirmation des droits de l'homme et de l'égalité des citoyens. C'est pourquoi le Louvre, ancien palais royal, est choisi en 1793 pour devenir un musée. De nouveaux corps de métiers sont créés, dont celui des conservateurs, qui sont chargés de protéger les œuvres, de les stocker et de les exposer.

III. L'homme et l'animal

L'être humain s'interroge, on l'a vu, sur sa place dans l'univers et sur sa relation aux autres. Il construit des récits et représente le monde pour se l'approprier. Les divinités, l'environnement naturel et les autres cultures forment des ensembles par rapport auxquels il éprouve le besoin de se situer. Or il existe encore un autre groupe à l'égard duquel les hommes se sentent autres : celui des animaux. Plus proches d'eux que la matière inerte, les animaux partagent certaines propriétés comportementales avec les êtres humains. Cette ressemblance nous encourage à essayer d'expliquer leur conduite, même si leur rapport au monde diffère inévitablement du nôtre.

Tantôt perçu comme monstrueux lorsque ses proportions dépassent notre maîtrise, tantôt comme sauvage lorsqu'il se révèle indomptable, ou enfin comme domestique et familier lorsqu'il évolue à nos côtés, l'animal mène une existence à la fois fascinante et inquiétante pour nous. Cet être apparemment imprévisible se mêle toutefois régulièrement aux activités humaines, jusqu'à nous devenir indispensable, d'un point de vue matériel ou affectif.

C'est dans une perspective utilitaire que nous nous sommes d'abord rapprochés de lui. En domestiquant des bêtes de trait ou des chiens de garde, nous nous sommes approprié leur force et leurs appétits. Cette pratique a pu nous conduire à réduire l'animal à sa seule valeur instrumentale. Influencés par cette vision réductrice, les philosophes ont été tentés de traiter l'animal comme une sorte de machine, quoique composée de rouages très complexes. Les scientifiques sont parfois tombés dans le même travers. L'expression

« règne du vivant », par exemple, englobe les animaux dans une totalité abstraite et met l'accent sur le fonctionnement de leurs organes plus que sur leur personnalité individuelle.

Cette manière de penser oublie que les animaux nous tendent un miroir déformant dans lequel nous contempler. Notre proximité avec eux nous incite à abolir la division trop nette que nous établissons souvent entre eux et nous, entre nos semblables et les autres. Elle nous oblige à réévaluer ce que nous tenons pour des caractéristiques humaines et nous force à nous interroger : où commence l'animalité ? Ou s'achève-t-elle ? L'animal n'est-il pas voué à devenir notre prochain ? Et, dans ce cas, quels droits possède-t-il et quels devoirs avons-nous à son égard ? Sans les animaux, notre solitude existentielle serait encore plus saisissante : un monde dépourvu d'animaux serait-il encore vraiment humain ?

1. Une altérité fascinante

Dans la fiction, l'animal sert parfois de guide au personnage humain qui est en quête de sa propre identité. Celui qui comprend la nature de l'animal peut mieux se positionner par rapport à lui et donc, *in fine*, savoir qui il est lui-même. La présence de l'animal dans le texte revêt alors une fonction heuristique, c'est-à-dire qu'elle permet de révéler quelque chose, d'amener jusqu'à une découverte. Certains auteurs fabulent ainsi des animaux intelligents, vertueux et pacifiques, qui nous mettent face à nos préjugés* à leur égard et nous forcent à affronter nos défauts (Jonathan Swift, p. 147).

Mais le rapprochement entre l'humain et l'animal a tardé à s'accomplir dans les discours scientifiques. Au XVIIIe siècle, les naturalistes, qui étudient l'ensemble des composants de la nature, végétaux, minéraux ou animaux, définissent l'animalité au regard d'une privation, d'un manque. À leur avis, l'animal est un être auquel fait défaut une capacité humaine : la raison (Buffon, p. 152). Considérer ainsi la faculté de raisonner comme un privilège humain est une thèse qui remonte en effet à l'Antiquité grecque.

Pourtant, les comportements des hommes et ceux des animaux ne sont pas toujours si dissemblables. Et l'homme comme être purement rationnel est un idéal plus qu'une réalité. La vie humaine est façonnée par des passions et des impulsions. Ce sont, une fois encore, les écrivains qui savent nous le rappeler. Ils perçoivent notre penchant émotionnel comme une sorte d'animalité de notre nature humaine et imaginent des formes de vie à mi-chemin entre l'homme et l'animal (Rétif de La Bretonne, p. 157).

Au XXe siècle, avec l'essor de l'éthologie*, qui étudie le comportement animal, la science rattrape enfin la littérature. Elle offre des animaux une vision plus pondérée, en démontrant que la notion* d'animal est faussement simple. Elle élabore des distinctions plus fines d'aptitudes ou de modes de vie au sein du grand groupe des animaux. Étudiés en détail, les mondes (le pluriel compte) des animaux se révèlent d'une extraordinaire complexité. Et les chercheurs qui pratiquent l'éthologie de terrain et vivent plusieurs mois en compagnie d'individus appartenant à l'espèce* qu'ils étudient parviennent à nouer avec leurs hôtes animaux des liens aussi riches que variés (Jane Goodall, p. 162).

30. Jonathan Swift, *Les Voyages de Gulliver* (1726)

Responsable en tant que doyen de la cathédrale anglicane St-Patrick à Dublin, Jonathan Swift (1667-1745) est célèbre dans le monde entier pour *Les Voyages de Gulliver.* À la fois roman satirique et conte philosophique, cette œuvre utopique propose une critique magistrale des institutions politiques autant qu'une réflexion sur la nature humaine. Dans son quatrième voyage, Gulliver parvient chez les Houyhnhnms, peuple de chevaux dotés d'une intelligence et d'une vertu largement supérieures à celles des humains qui, eux, sont caricaturés en Yahoos vicieux et dégénérés. En accordant la raison à une espèce* animale, Swift nous convie à un voyage philosophique dans un monde à l'envers. La quête d'une humanité idéale est-elle souhaitable ?

[Et si l'homme idéal était… un cheval ?]

La curiosité et l'impatience de mon maître étaient si grandes qu'il passa plusieurs heures à m'instruire. Il était persuadé (il me l'avoua plus tard) que j'étais un Yahoo, mais ma réceptivité, ma civilité et ma propreté le stupéfiaient ; ces qualités étaient si étrangères auxdits animaux ! Mes habits l'intriguaient fort et il songeait parfois qu'ils devaient faire partie de mon corps ; car je ne les ôtais jamais avant que la famille ne soit endormie et les remettais avant qu'elle se réveille au matin. Mon maître voulait absolument savoir d'où je venais, comment j'avais acquis ces apparences de raison que je montrais dans tous mes actes ; et connaître mon histoire de ma bouche, ce qui arriverait vite, espérait-il, grâce à mes grands progrès dans l'acquisition et la prononciation de leurs mots et de leurs phrases. En guise d'aide-mémoire, je transcrivais ce que j'avais écrit en alphabet anglais et notais les mots avec leurs traductions en regard. Je me risquai au bout d'un certain temps à faire cette opération en présence de mon précepteur[1]. J'eus quelque peine à lui expliquer ce que je faisais ; car on n'a là-bas aucune idée de ce que sont les livres ou la littérature.

Au bout d'une dizaine de semaines, je fus à même de comprendre la plupart de ses questions ; trois mois me permirent de faire des réponses acceptables. Il était extrêmement curieux de savoir de quelle partie du pays je venais et comment l'on m'avait enseigné à imiter une créature douée de raison parce que les Yahoos (dont il voyait que je leur ressemblais exactement par la

1. ***Précepteur*** : voir note 3, p. 78.

tête, les mains et le visage, les seules parties visibles de mon corps) en dépit d'un soupçon de fourberie et la plus vive prédisposition à nuire, s'étaient avérés les plus incultes des brutes. Je répondis que j'étais venu par la mer, d'un lieu éloigné, avec plusieurs autres de mon espèce*, dans un grand vaisseau [1] creux fait du corps des arbres ; que mes compagnons m'avaient obligé à débarquer sur ce rivage et m'avaient abandonné à mon sort. Ce ne fut pas sans difficulté, à l'aide de nombreux signes, que je l'amenai à me comprendre. Il me répondit que je devais me tromper ou que je disais la chose qui n'était pas. (Car ils n'ont pas de mots dans leur langue pour exprimer le mensonge ou la fausseté.) Il savait qu'il était impossible qu'il y eût un pays au-delà de la mer ou qu'un groupe d'imbéciles pût gouverner un vaisseau de bois sur la mer selon son bon plaisir. Il était bien certain qu'un Houyhnhnm vivant ne pouvait construire semblable esquif ou s'en remettre aux Yahoos pour le gouverner.

Le mot Houyhnhnm, dans leur langue, signifie « cheval » ; et par son étymologie « la perfection de la nature ». Je déclarai à mon maître que les mots me manquaient mais que je progresserais de mon mieux en espérant être à même de lui dire des merveilles en peu de temps. Il voulut bien me renvoyer à sa jument, son poulain et sa pouliche et aux domestiques de la famille pour m'offrir toutes les occasions d'instruction ; chaque jour, pendant deux ou trois heures, il faisait cet effort lui-même ; plusieurs chevaux et juments de qualité dans le voisinage venaient souvent chez nous, sur la foi de la rumeur annonçant un merveilleux Yahoo qui pouvait parler comme un Houyhnhnm et semblait avoir quelques lumières de raison par ses propos et ses actes. Ces visiteurs s'enchantaient de parler avec moi ; ils posaient de nombreuses questions et recevaient les réponses que je pouvais articuler. Grâce à tous ces avantages, je fis un progrès si rapide

1. ***Vaisseau*** : voir note 3, p. 26.

que cinq mois après mon arrivée je comprenais tout ce qui se disait et pouvais m'exprimer tolérablement bien.

Les Houyhnhnms venus voir mon maître dans l'intention de me connaître et de parler avec moi avaient peine à croire que j'étais un vrai Yahoo parce que mon corps était différemment recouvert des gens de ma sorte. Me voir sans les poils ou la peau habituelle, sauf sur la tête, le visage ou les mains, les stupéfiait ; mais je découvris ce secret à mon maître à la faveur d'un accident qui se produisit environ quinze jours plus tôt.

J'ai déjà dit que chaque soir j'attendais que la famille se fût retirée pour me déshabiller et me recouvrir de mes vêtements ; il arriva que tôt un matin mon maître m'envoya chercher par le poney alezan, son valet personnel ; je dormais profondément à son entrée, mes habits avaient reflué d'un côté et ma chemise était remontée au-dessus de ma taille. Je m'éveillai à son arrivée et vis qu'il communiquait son message avec une certaine nervosité ; après quoi il s'en retourna auprès du maître et lui fit un tableau fort embrouillé de ce qu'il avait vu ; je m'en aperçus peu après car en me rendant auprès de Sa Seigneurie sitôt habillé, je dus m'expliquer sur le sens de ce que le domestique avait rapporté ; je n'étais pas, semblait-il, le même endormi que pendant la journée ; son valet l'assurait qu'une partie de mon corps était blanche, une autre jaune, du moins pas si blanche, et une autre brune.

J'avais jusqu'alors caché le secret de mon habillement afin de me distinguer autant que possible de cette maudite race* des Yahoos ; mais voici que cela ne servait plus à rien. Au reste, je considérais que mes habits et mes chaussures céderaient bientôt car ils étaient sur le déclin et devraient être rafistolés d'une manière ou d'une autre avec les cuirs des Yahoos ou d'autres animaux ; du coup tout le secret serait connu. Je déclarai donc à mon maître que dans le pays d'où je venais, ceux de mon espèce se couvraient toujours le corps avec les poils de certains animaux transformés par le savoir-faire humain, aussi bien par pudeur que pour se protéger de l'inclémence du temps [1], de l'air trop chaud ou froid ; j'allais le lui prouver sur-le-champ s'il le désirait ; le priant seulement de m'excuser si je ne dénudais pas les parties que la nature nous avait appris à cacher. Il repartit que mon discours était fort étrange ; surtout sa dernière phrase ; il ne comprenait pas que la nature pût nous enseigner à cacher ce qu'elle nous avait donné. Pas plus lui que sa famille n'avaient honte de la moindre partie de leur corps ; mais que je fasse comme je l'entendais. Sur quoi je déboutonnai ma jaquette [2] et la retirai ; je fis de même avec le gilet ; je retirai mes chaussures, mes bas et ma culotte [3]. J'abaissai ma chemise jusqu'à la taille et en ramenai le bas, l'arrimant [4] comme une ceinture pour cacher ma nudité.

Mon maître observa toute l'opération avec mille signes de curiosité et d'admiration. Il s'empara de mes habits par le paturon [5], l'un après l'autre, et les examina avec soin ; il me flatta ensuite le corps très doucement et me regarda tout autour plusieurs fois ; après quoi il déclara que je devais être un parfait Yahoo, mais que je différais extrêmement de mon espèce par la blancheur et la douceur de ma peau, mon manque de poils en plusieurs endroits du corps, la forme et la petitesse de mes griffes de devant et de derrière et mon acquisition constante de la station debout sur les postérieurs.

Jonathan Swift, *Les Voyages de Gulliver*, trad. G. Villeneuve, GF-Flammarion, 2014, p. 312-316.

---

1. ***Inclémence du temps*** : rigueur du climat, mauvais temps.
2. ***Jaquette*** : vêtement serré à la taille et qui descend jusqu'aux genoux.
3. ***Culotte*** : vêtement couvrant séparément chaque jambe jusqu'au mollet.
4. ***Arrimant*** : attachant.
5. ***Paturon*** : partie de la jambe du cheval située juste au-dessus du sabot.

Questions

1. Comment les humains, caricaturés en Yahoos, sont-ils caractérisés dans le texte ? Vous analyserez la portée satirique du passage.

2. Le nom des Houyhnhnms est pratiquement imprononçable. Pour quelle raison, selon vous, Swift a-t-il choisi un tel nom pour cette espèce idéale ?

3. Quels liens l'auteur tisse-t-il entre la notion* d'homme et celle d'animal ? Montrez que ce texte questionne l'anthropocentrisme, c'est-à-dire le primat de l'homme sur la nature.

31. Buffon, *Histoire naturelle* (1749-1788)

Georges Louis Leclerc, comte de Buffon (1707-1788) est l'un des plus brillants scientifiques de son temps. Philosophe et naturaliste*, il est élu à l'Académie des sciences à vingt-six ans. À partir de 1749 et jusqu'à sa mort, il publie une *Histoire naturelle*, monumental ouvrage en trente-six volumes, qui participe au développement sans précédent des sciences de la vie que connaissent les XVIIe et XVIIIe siècles. Buffon se refuse à considérer les animaux comme des automates. Pourtant, il n'en porte pas moins un regard critique sur les facultés intellectuelles attribuées aux bêtes, dont il considère qu'elles relèvent de l'erreur anthropomorphique : c'est-à-dire de la tendance à projeter sur les animaux des attitudes humaines. Selon Buffon, tous les animaux se comporteraient de manière uniforme et immuable…

[Il manque à l'animal la puissance qui produit les idées]

Tout concourt donc à prouver, même dans le physique, que l'animal n'est remué que par l'appétit, et que l'homme est conduit par un principe* supérieur : s'il y a toujours eu du doute sur ce sujet, c'est que nous ne concevons pas bien comment l'appétit seul peut produire dans l'animal des efforts si semblables à ceux que produit chez nous la connaissance ; et que d'ailleurs nous ne distinguons pas aisément ce que nous faisons en vertu de la connaissance, de ce que nous ne faisons que par la force de l'appétit. [...]

Pour nous faire mieux entendre, considérons un animal instruit, un chien, par exemple, qui, quoique pressé d'un violent appétit, semble n'oser toucher et ne touche point en effet à ce qui pourrait le satisfaire, mais en même temps fait beaucoup de mouvement pour l'obtenir de la main de son maître ; cet animal ne paraît-il pas combiner des idées ? ne paraît-il pas désirer et craindre, en un mot raisonner à peu près comme un homme qui voudrait s'emparer du bien d'autrui, et qui, quoique violemment tenté, est retenu par la crainte du châtiment ? voilà l'interprétation vulgaire de la conduite de l'animal. Comme c'est de cette façon que la chose se passe chez nous, il est naturel d'imaginer, et on imagine en effet, qu'elle se passe de même dans l'animal : l'analogie, dit-on, est bien fondée, puisque l'organisation et la conformation des sens, tant à l'extérieur qu'à l'intérieur, sont semblables dans l'animal et dans l'homme. Cependant ne devrions-nous pas voir que pour que cette analogie fût en effet bien fondée, il faudrait quelque chose de plus, qu'il faudrait du moins que rien ne pût la démentir ; qu'il serait nécessaire que les animaux pussent faire, et fissent, dans quelques occasions, tout ce que nous faisons ? or le contraire est évidemment démontré ; ils n'inventent, ils ne perfectionnent rien, ils ne réfléchissent par conséquent sur rien, ils ne font jamais que les mêmes choses, de la même façon : nous pouvons donc déjà rabattre beaucoup de la force de cette analogie ; nous pouvons même douter de sa réalité, et nous devons chercher si ce n'est pas par un autre principe différent du nôtre qu'ils sont conduits, et si leurs sens ne suffisent pas pour produire leurs actions, sans qu'il soit nécessaire de leur accorder une connaissance de réflexion.

Tout ce qui est relatif à leur appétit ébranle très vivement leur sens intérieur ; et le chien se jetterait à l'instant sur l'objet de cet appétit, si ce même sens intérieur ne conservait pas les impressions antérieures de douleur dont cette action a été précédemment accompagnée ; les impressions extérieures ont modifié l'animal, cette proie qu'on lui présente n'est pas offerte à un chien simplement, mais à un chien battu ; et comme il a été frappé toutes les fois qu'il s'est livré à ce mouvement d'appétit, les ébranlements de douleur se renouvellent en même temps que ceux de l'appétit se font sentir, parce que ces deux ébranlements se sont toujours faits ensemble. [...] Mais les ébranlements de l'appétit et de la répugnance, ou, si l'on veut, du plaisir et de la douleur, subsistant toujours ensemble dans une opposition qui en détruit les effets, il se renouvelle en même temps dans le cerveau de l'animal un troisième ébranlement, qui a souvent accompagné les deux premiers ; c'est l'ébranlement causé par l'action de son maître, de la main duquel il a souvent reçu ce morceau qui est l'objet de son appétit ; et comme ce troisième ébranlement n'est contrebalancé par rien de contraire, il devient la cause déterminante du mouvement. Le chien sera donc déterminé à se mouvoir vers son maître et à s'agiter jusqu'à ce que son appétit soit satisfait en entier.

On peut expliquer de la même façon et par les mêmes principes toutes les actions des animaux, quelque compliquées qu'elles puissent paraître, sans qu'il soit besoin de leur accorder ni la pensée, ni la réflexion, leur sens intérieur suffit pour produire tous leurs mouvements. Il ne reste plus qu'une chose à éclaircir, c'est la nature de leurs sensations, qui doivent être, suivant ce que nous venons d'établir, bien différentes des nôtres. Les animaux, nous dira-t-on, n'ont-ils donc aucune connaissance ? leur ôtez-vous la conscience de leur existence, le sentiment ? puisque vous prétendez expliquer mécaniquement toutes

■ J. de Sève et P. E. Moitte, « Souris, fig. 1 ; squelette, fig. 2 », estampe extraite de l'*Histoire naturelle* de Buffon, t. VII, 1758.
Par leur précision et leur fidélité, les planches gravées de l'*Histoire naturelle* de Buffon ont contribué à une meilleure connaissance du règne animal.

leurs actions, ne les réduisez-vous pas à n'être que de simples machines, que d'insensibles automates ?

Si je me suis bien expliqué, on doit avoir déjà vu que, bien loin de tout ôter aux animaux, je leur accorde tout, à l'exception de la pensée et de la réflexion ; ils ont le sentiment, ils l'ont même à un plus haut degré que nous ne l'avons ; ils ont aussi la conscience de leur existence actuelle, mais ils n'ont pas celle de leur existence passée ; ils ont des sensations, mais il leur manque la faculté de les comparer, c'est-à-dire la puissance qui produit les idées [...].

Buffon, « Discours sur la nature des animaux », in *Histoire naturelle, générale et particulière*, Imprimerie royale, 1749-1804, t. IV, p. 36-41.
Orthographe modernisée.

Questions

1. Buffon attache un intérêt particulier à la rhétorique, c'est-à-dire à la manière d'exprimer les pensées. Montrez que ce texte obéit à une construction rigoureuse.
2. Sur quels arguments repose la thèse de Buffon ? Comment s'y prend l'auteur pour mieux contrer les arguments de la thèse adverse ?

Développement argumenté

Dans le chapitre II de la seconde partie du *Traité des animaux* (1755), Condillac (1714-1780) affirme au contraire que les animaux « inventent » et « perfectionnent ». Dans un développement argumenté, vous chercherez à étayer le point de vue de Condillac.

Exposés

1. L'éthologie* est la science qui étudie le comportement des animaux. Faites une recherche sur son histoire.

2. Buffon considère qu'avec le temps, la domestication transforme les espèces*. En quoi ses réflexions sur la notion* d'espèces préfigurent-elles les théories évolutionnistes* de Jean-Baptiste de Lamarck (1744-1829) et de Charles Darwin (1809-1882) ?

32. Rétif de La Bretonne, *La Découverte australe* (1781)

Nicolas Edme Rétif (ou Restif) de La Bretonne (1734-1806) est un écrivain longtemps négligé par l'histoire littéraire. Libertin qui retranscrivit par l'écriture les plaisirs les plus charnels, ce fils de paysan a aussi contribué sous les Lumières à la diffusion de l'imaginaire scientifique, comme en témoigne *La Découverte australe*. Ce roman, qui reprend les codes du récit de voyage, met en scène Victorin et son fils Alexandre, partis vers l'hémisphère austral (c'est-à-dire Sud) grâce à des engins volants. Ils découvrent dans l'archipel de « Mégapatagonie » une société utopique constituée d'hybrides, mi-humains mi-animaux. Derrière la fantaisie, Rétif nous invite à un véritable décentrement et au relativisme* culturel : l'humain est-il si éloigné de l'animal ?

Découverte de l'Île Christine et des Hommes-de-Nuit

Les deux Hommes-volants, équipés de leurs fortes ailes, s'élevèrent en l'air de la pointe la plus escarpée du Mont-inaccessible, à dix heures du soir, portant chacun un panier de provisions, attaché à la sangle de cuir qui entourait les reins : ce qui d'en bas leur donnait l'air de deux Oiseaux d'une incomparable grosseur.

Ils allèrent droit au sud, prenant pour direction le point du méridien[1] marqué par les étoiles de la queue du *Capricorne*[2]. Ils ne furent que huit nuits à gagner l'équateur ; & comme ils s'élevaient toujours plus-haut, à-mesure que la chaleur augmentait, ils n'en furent point incommodés. Au-contraire, ils eurent quelquefois peine à se garantir de la fraîcheur durant la nuit ; car ils se reposaient le jour sur les montagnes escarpées, prenant leur sommeil la tête appuyée sur leur panier de provisions. Peu de Personnes purent faire attention à eux durant ce voyage : l'obscurité, lors de leur départ, & la haute élévation où ils se tinrent ensuite les faisaient passer aux yeux des Paysans pour un petit nuage ; & quant aux Gens des Villes, ils n'en virent rien, si ce n'est ceux du Caire en Égypte ; parce-que les Hommes-volants s'étaient abaissés pour examiner un gros Crocodile qui dormait sur le Nil : leur apparition causa une frayeur générale à toute la Ville, Musulmans, Cophtes[3], Juifs : les Premiers crurent que Mahomet, en personne, venait les punir de leurs fréquentes révoltes ; les Seconds pensèrent que c'était la fin du monde ; pour les Juifs, ils ouvrirent tous leurs fenêtres, & se mirent à s'écrier, *Messiah ! Messiah*[4] *! Adonaï*[5] *!* Mais & les Uns & les Autres furent très-étonnés quand ils virent les deux Hommes-volants passer sans s'arrêter, & gagner la plus haute des pyramides, où ils se posèrent.

Victorin & son Fils parvinrent la douzième nuit vers l'aurore au tropique-du-Capricorne, ayant cette constellation à leur

---

1. En géographie, les ***méridiens*** sont des lignes imaginaires reliant le pôle Nord au pôle Sud. C'est par rapport à eux que l'on détermine la longitude.

2. Constellation en forme de bouc.

3. ***Cophtes*** : orthographe ancienne pour *coptes*. Les coptes sont une communauté de chrétiens d'Égypte et d'Éthiopie.

4. ***Messiah*** : orthographe ancienne pour *Messie*. Dans la religion juive, le Messie est le sauveur qui arrive à la fin des temps.

5. Dans la Bible juive, ***Adonaï*** est l'un des noms de Dieu.

zénith[1]. Ils parcoururent les jours suivants environ vingt à vingt-cinq degrés, cherchant sous le même parallèle[2] que la France un pays qui leur convînt. Ils aperçurent d'abord une Île si considérable qu'ils la prirent, à ce premier voyage, pour un Continent. Mais comme elle était habitée, ils la laissèrent ; & à vingt-lieues[3] de-là, par les 00 degrés de latitude-sud & les 00 de longitude, ils en virent une autre, grande comme l'Angleterre, l'Écosse & l'Irlande réunies, située sous le même méridien que la France ; de-sorte que les heures du jour y sont les mêmes, & qu'il n'y a que les saisons qui y soient diamétralement opposées.

Victorin & son Fils volèrent sur cette belle Île durant plusieurs jours. Elle était couverte de bois ; cependant il y avait comme des prairies, & une infinité d'Animaux paisibles ; tels que des Bisons, des Buffles, des Bœufs, des espèces* de Cerfs & de Daims, des Chèvres Sauvages ; un Animal qui ressemblait au Zèbre ou à l'Âne ; un autre qui approchait du Cheval & pour toute espèce carnassière, un Tigre ou Jagal, de la plus petite espèce, mais fort-multipliée, & qui n'attaquait les gros Animaux que lorsqu'ils étaient languissants de vieillesse. Ils ne virent point d'Hommes. Ce ne fut que le troisième jour, vers le crépuscule du soir, que le jeune Alexandre découvrit dans l'Île une Créature presqu'humaine. C'était une sorte d'Homme nu, qui les examinait de l'entrée d'une caverne. Il le montra à son Père, qui ayant pris sa lunette-de-nuit, & ayant mis en usage le ressort-de-soutien-fixe, aperçut couchés sur le ventre plusieurs autres Hommes & Femmes tout-nus.

[…] Enfin le huit ou dixième jour de leur séjour dans l'Île, ils trouvèrent un chemin tracé. Ils le suivirent, en écoutant à chaque pas. Il les conduisit à une fontaine, autour de laquelle ils virent

---

1. Le ***zénith*** est le plus haut point du ciel, en un lieu donné.

2. En géographie, les ***parallèles*** sont des cercles imaginaires, parallèles à l'Équateur. C'est par rapport à eux qu'on détermine la latitude.

3. Sur les ***lieues***, voir note 3, p. 22.

une infinité d'Animaux inconnus qui firent un mouvement de surprise en les voyant, mais sans prendre la fuite. [...]

« Mais, mon Père, dit Alexandre, je crois que les Gens de ce pays-ci ressemblent aux Chauve-souris ! nous ne voyons rien & tout est dans un silence profond durant le jour, mais je vous assure que toutes les nuits j'ai entendu comme des voix & des cris d'Hommes : veillons un-peu celle-ci, pour cela, couchons-nous dès-à-présent, afin de nous éveiller à minuit [...]. »

[...] & vers le minuit, tous-deux se placèrent dans un endroit sûr, d'où ils pouvaient tout observer. Ils y étaient à-peine qu'ils aperçurent cinq à six Habitants de l'Île, avec leurs femmes & leurs Enfants, qui s'avançaient de leur côté. Ces Sauvages regardèrent la grotte, & prononcèrent quelques mots, avec un son de voix guiorant [1], à-peu-près comme celui des Souris, mais beaucoup plus-fort. Victorin comprit par leurs discours, & par ce qu'il put saisir de leurs gestes, que son séjour n'était pas un mystère pour les Habitants de l'Île ; mais ce qui le surprit infiniment, c'est qu'ils couraient avec la même vivacité, qu'ils cueillaient les fruits, tout-comme s'ils eussent vu clair. Ils avaient des crochets de bois, pour tirer les branches à eux. Il en vit ensuite d'autres arriver en grand nombre ; tous se parlèrent aimablement. Ils firent ensuite un repas de fruits-à-pain [2], & lorsque l'aurore annonça le retour du jour, ils se retirèrent. Les deux Européens les suivirent de loin, & les virent rentrer dans leur caverne. Comme ils étaient à considérer cette conduite singulière, deux Sauvages, Homme & Femme, qui marchaient à-tâtons, quoiqu'il commençât à-faire grand-jour, vinrent les heurter : ils en eurent une assez grande frayeur ; mais s'étant bientôt rassurés, en les voyant seuls, ils s'emparèrent de l'Homme, malgré son petit cri de Souris, & ils l'emmenèrent sur leur rocher [...] : c'était un Jeune-homme

1. ***Guiorant*** : couinant.
2. Fruits de l'arbre à pain, qui se consomment cuits.

d'environ vingt ans, d'un roux-blanc, ayant les cils des yeux très-longs. Il vit un-peu, lorsqu'il fut dans la grotte du rocher, & il marqua beaucoup de frayeur : Victorin & son Fils tâchèrent de le rassurer, en lui faisant des gestes d'amitié, & en lui offrant de leur déjeuner ; mais il parut insensible à tout, & cherchait à s'endormir. On le mit sur un lit de mousse, où il ne tarda pas à s'assoupir, & où il demeura sans mouvement jusqu'au crépuscule du soir, temps auquel il s'éveilla fort-leste. Victorin & son Fils se présentèrent, et le Sauvage eut encore beaucoup de frayeur ; il ne cherchait qu'une issue pour s'échapper. Ils lui offrirent à manger de la viande cuite & des fruits-à-pain. Mais il n'y voulut pas toucher, & paraissait trembler.

« J'entrevois ce que sont les Sauvages de cette Île, mon Fils, dit alors Victorin ; ce sont des Hommes-de-nuit, dont on prétend qu'il n'y a que quelques Individus accidentels ; mais il paraît que c'est réellement une race*, que les autres Hommes ont anéantie partout où ils se sont rencontrés avec elle, & qui subsiste seulement dans les contrées où […] elle s'est trouvée seule. »

Rétif de la Bretonne, *La Découverte australe par un homme volant, ou le Dédale français*, éditeur inconnu, 1781, p. 179-190.
Orthographe modernisée.

Questions

1. Comment s'y prend Rétif pour convaincre le lecteur de la véracité de son histoire ?

2. Montrez que le texte, en dérivant progressivement vers le fantastique, met en question le statut du réel.

3. En quoi le texte amène-t-il à poser la question de la frontière entre l'humanité et l'animalité ?

■ 33. Jane Goodall, « De Gombe à l'éveil des consciences » (2016)

Jane Goodall (née en 1934), éthologue* britannique spécialisée dans la primatologie (l'étude des primates) et anthropologue*, a marqué l'histoire des recherches sur les animaux. En 1960, elle décide de vivre parmi les animaux en Tanzanie, dans le parc national de Gombe Stream, afin d'étudier les sociétés de chimpanzés. Dans sa contribution à l'ouvrage collectif dirigé par Karine Lou Matignon, *Révolutions animales*, elle montre que la prétendue différence de nature entre l'homme et l'animal est fortement remise en cause par l'observation des chimpanzés, qui non seulement sont proches de nous du point de vue biologique, mais possèdent en outre des compétences culturelles indéniables.

[Humains et chimpanzés, même passé, même avenir]

Les chimpanzés sont biologiquement semblables aux humains, nous avons en commun plus de 98 % de notre patrimoine génétique. L'homme partage avec les singes actuels des ancêtres identiques qu'on ne connaît pas. L'*Homo sapiens* [1] serait en fait l'espèce* actuelle la plus proche des chimpanzés, et réciproquement. Donc, parmi toutes les espèces vivantes actuelles, il n'y aurait aucun ancêtre, mais simplement des espèces qui sont plus ou moins apparentées entre elles. Aucune n'est « inférieure » à aucune autre. Seuls les degrés de parenté diffèrent, en allant des espèces les plus éloignées jusqu'aux espèces les plus proches de nous.

Une communauté soudée

Les chimpanzés ont une personnalité et ressentent des émotions, ils disposent de nombreuses capacités intellectuelles. Les

1. Espèce, de la famille des hominidés, à laquelle nous appartenons.

membres d'une même famille maintiennent des liens forts et durables durant toute leur vie au point que la mort est vécue parfois comme une tragédie. Ils ne peuvent pas parler comme l'homme car leur larynx n'est pas disposé de la même façon. Mais certains chimpanzés, auxquels le langage des signes a été enseigné, sont capables d'utiliser ce moyen de communication en captivité. Dans la forêt, les chimpanzés peuvent communiquer entre eux à distance. Ils émettent des vocalisations qui leur permettent de se reconnaître et d'échanger des informations. Ils vivent en grandes communautés « multimâles-multifemelles » pouvant compter jusqu'à 80 individus, sous la direction d'un mâle dominant. Les communautés peuvent se scinder[1] en sous-groupes en fonction de la disponibilité des ressources alimentaires. Enfin, je dirais que nous savons à présent expliquer l'importance des chimpanzés pour la forêt. Ils jouent effectivement un grand rôle dans sa protection : du fait de leur longue durée de vie, de leurs déplacements importants (plusieurs kilomètres par jour) et de leur consommation de fruits, ils assurent une dissémination des graines indispensable à sa régénération. S'ils disparaissent, c'est tout l'écosystème de la forêt qui sera en danger. Et je regrette que toutes nos connaissances actuelles ne permettent pas d'assurer leur avenir.

Fragilités communes

Vous savez ce que l'on dit, un homme qui aime les animaux ne peut pas être foncièrement mauvais. Je pense que les animaux révèlent notre identité profonde. J'entends par là que la relation animale fait émerger notre bonté ou notre cruauté. Dans les deux cas il ne s'agit que de l'expression de nos désirs ou de nos peurs. Malheureusement, tous les grands singes sont menacés d'extinction à très court terme. Outre des épidémies, ils sont victimes du

1. ***Se scinder*** : se diviser.

braconnage et de la déforestation. L'homme pense qu'il est unique et de surcroît nos sociétés actuelles peinent à élaborer des politiques à très long terme. Certains agissent comme s'ils étaient propriétaires de la nature et à ce titre pouvaient en disposer librement. Cet état de fait regrettable entraîne la dévastation de notre planète et de toutes ses espèces. Il faut bien avoir conscience que cette destruction met en péril l'avenir même de l'humanité [...].

Jane Goodall, « De Gombe à l'éveil des consciences »,
in Karine Lou Matignon (dir.), *Révolutions animales*,
© Arte éditions / Les Liens qui libèrent, 2016, p. 37-38.

Questions

1. Quelles sont les différentes observations que fait Jane Goodall sur les chimpanzés ?

2. Pourquoi ces considérations invitent-elles à changer notre regard et notre comportement à l'égard des animaux ?

■ **Jane Goodall à Gombe avec un chimpanzé, août 1988, parc national de Gombe, Tanzanie.**
La célèbre éthologue connaît intimement les chimpanzés.

Zoom sur : Les mouvements en faveur de la cause animale

Dès l'Antiquité, certains penseurs se sont abstenus de consommer de la chair animale. Ce pouvait être pour des raisons religieuses, dans le cas par exemple du mathématicien Pythagore au VIe siècle av. J.-C., ou philosophiques, comme chez Porphyre de Tyr (234-v. 310), qui appartient au courant néoplatonicien*. Le philosophe grec Platon (v. 428-v. 348 av. J.-C.) justement, dans son dialogue intitulé *Le Politique*, critique l'anthropocentrisme, cette tendance humaine à s'estimer distinct du reste des animaux et à se mettre au centre du monde vivant. Si une grue devait classer les êtres vivants, explique Socrate (le maître de Platon) dans ce texte, nul doute que cet oiseau distinguerait les non-grues, d'une part, et les grues, d'autre part.

À la Renaissance, la critique de cette séparation commode entre les hommes et les animaux s'est poursuivie avec les philosophes Pierre Charron (1541-1603) et Michel de Montaigne (1533-1592). Ce sont eux qui formulent l'argument dit « des cas marginaux ». Ce raisonnement consiste à rappeler que pour tout critère censé séparer l'animal de l'humain, on peut trouver des hommes (très minoritaires, donc marginaux) qui ne correspondent pas non plus à ce critère. Il suggère même qu'il existe parfois plus de différence d'un homme à l'autre qu'entre un homme et un animal.

Cet argument a été repris par l'un des pionniers du mouvement en faveur de la cause animale, le philosophe australien Peter Singer (né en 1946), qui a fortement contribué à la naissance de l'éthique animale – soit de la réflexion sur la juste manière de se comporter à l'égard des animaux – contemporaine. Dans son livre *La Libération animale* (1975), il explique ainsi qu'il n'est pas possible de considérer l'homme comme une espèce* privilégiée et

homogène, ni de lui attribuer des droits spécifiques au prétexte que seuls les individus humains seraient respectables. En effet, les orques ou les grands primates sont parfois plus proches des standards que nous avons l'habitude d'associer à notre représentation de l'humanité que, par exemple, les enfants en bas âge.
Singer reprend un argument émis au siècle des Lumières par le philosophe Jeremy Bentham (1748-1832) dans son *Introduction aux principes de morale et de législation* (1789), qui veut que la souffrance d'un individu pèse autant que celle d'un autre individu, quel qu'il soit. Puisque nous partageons avec les animaux la capacité d'éprouver la douleur, raisonne Singer, nous devons tenir leur mal pour digne de considération et de respect. Il propose d'appeler *spécisme**, sur le modèle de *racisme*, l'attitude qui consiste à octroyer plus de valeur aux membres de son espèce qu'aux autres êtres vivants. Plus généralement, le spécisme consiste à raisonner uniquement par l'intermédiaire de catégories englobantes, comme si un animal n'était qu'un échantillon de son espèce, plutôt qu'un individu sensible. Il conduit à hiérarchiser les espèces de façon arbitraire et conventionnelle, en fonction de l'affection qu'on leur porte. Or rien ne justifie logiquement d'accorder plus de valeur aux chiens et aux chats qu'aux bovins ou aux porcins, qui sont également des êtres sensibles et dotés d'une intelligence manifeste.

2. Peut-on assimiler le vivant à une machine ?

Faute de pouvoir entrer en communication directe avec lui, scientifiques et penseurs ont longtemps considéré que l'animal n'était qu'un assemblage de matière, doué de mouvement. Le philosophe grec Aristote (384-322 av. J.-C.) dote bien les animaux d'une âme, mais il désigne simplement par ce terme le fait, pour un individu, d'être animé et, en l'occurence, de se mouvoir par soi-même. Pour cette raison, il qualifie l'âme des animaux de *locomotrice* et il estime que les plantes ont pour leur part une âme végétative, mais que seuls les hommes disposent d'une âme intellective, qui permet de réfléchir.

Cette hiérarchie se voit renforcée au Moyen Âge par une doctrine* religieuse qui sépare nettement l'homme, doté d'une âme, de l'animal, qui n'en possède pas. L'animal dans ce cas n'a aucune existence spirituelle, il appartient tout entier au monde corporel. Tant et si bien que, au XVIIe siècle, l'on s'efforce d'assimiler ses fonctions organiques à des fonctions mécaniques : c'est le modèle* de l'« animal-machine » (René Descartes, p. 168). Cette conception de l'animal est cependant mise en doute dès son émission par une partie des philosophes, qui la trouvent trop réductrice et lui reprochent de n'accorder aux animaux aucune des capacités intellectuelles ou sensibles que l'on constate chez les hommes. Jean de La Fontaine, par exemple, critique le modèle de l'« animal-machine » et s'efforce de désacraliser l'image flatteuse que l'homme voudrait se donner de lui-même (p. 174). Les philosophes matérialistes du XVIIIe siècle s'appliquent eux aussi à diminuer l'écart entre l'homme et l'animal, mais sans remettre en cause le modèle mécanique. Au contraire, ils cherchent à l'utiliser pour expliquer, outre les réactions du corps, les productions de l'esprit : la pensée est un produit du cerveau, qu'ils appréhendent comme une machine. Il n'y a plus, alors, de distinction entre les hommes et les animaux : tous sont assimilables à de très complexes machines (La Mettrie, p. 179).

En nous familiarisant avec les animaux, en vivant de manière prolongée en leur compagnie, nous pouvons apprendre à les regarder sans pour autant projeter sur eux nos attentes ou notre propre psychologie. Dans ces conditions, nous prenons conscience de leur différence sans en conclure qu'ils sont inférieurs à nous (Karine Lou Matignon, p. 184). Toutefois, nous ne sommes guère en mesure d'expérimenter directement le décalage entre leur perception du monde et la nôtre : la vie intérieure d'un animal échappe encore à notre connaissance (Boris Cyrulnik, p. 182).

34. René Descartes, *Discours de la méthode* (1637)

René Descartes (1596-1650) a développé une conception de l'animal restée sous le nom de théorie de l'« animal-machine ». Ce philosophe distingue deux types de substance dans la réalité : la substance étendue (l'ensemble du monde matériel étudié par la physique) et la substance pensante (le monde spirituel immatériel). Il suggère que tout ce qui est corporel fait uniquement partie de la substance étendue et ne possède pas d'âme. Or, à moins qu'on ne puisse prouver que l'animal est capable de penser et de raisonner, force nous est d'admettre que son corps, matériel, fait de lui un fragment de substance étendue. Pourtant, contrairement à la machine, l'animal diffère d'une simple portion de matière inerte. Descartes rapproche l'animal de la machine dans le cadre d'une comparaison, mais il ne cherche pas à affirmer que l'animal est une machine.

[Réagir n'est pas penser]

Car, on peut bien concevoir qu'une machine soit tellement faite qu'elle profère des paroles, et même qu'elle en profère quelques-unes à propos des actions corporelles qui causeront quelque changement en ses organes : comme, si on la touche en quelque endroit, qu'elle demande ce qu'on lui veut dire ; si en un autre, qu'elle crie qu'on lui fait mal, et choses semblables ; mais non pas qu'elle les arrange diversement, pour répondre au sens de tout ce qui se dira en sa présence, ainsi que les hommes les plus hébétés [1] peuvent faire. Et le second est que, bien qu'elles fissent plusieurs choses aussi bien, ou peut-être mieux qu'aucun de nous, elles manqueraient infailliblement en quelques autres, par lesquelles on découvrirait qu'elles n'agiraient pas par connaissance, mais seulement par la disposition de leurs organes. Car, au lieu que la raison est un instrument universel, qui peut servir en toutes sortes de rencontres, ces organes ont besoin de quelque particulière disposition pour chaque action particulière ; d'où vient qu'il est moralement impossible qu'il y en ait assez de divers en une machine, pour la faire agir en toutes les occurrences de la vie, de même façon que notre raison nous fait agir.

Or, par ces deux mêmes moyens, on peut aussi connaître la différence qui est entre les hommes et les bêtes. Car c'est une chose bien remarquable, qu'il n'y a point d'hommes si hébétés et si stupides, sans en excepter même les insensés [2], qu'ils ne soient capables d'arranger ensemble diverses paroles, et d'en composer un discours par lequel ils fassent entendre leurs pensées ; et qu'au contraire, il n'y a point d'autre animal, tant parfait et tant heureusement né qu'il puisse être, qui fasse le semblable. Ce qui n'arrive pas de ce qu'ils ont faute d'organes, car on voit que les pies et les perroquets peuvent proférer des paroles ainsi que nous, et toutefois ne peuvent parler ainsi que nous, c'est-à-dire, en témoignant qu'ils pensent ce qu'ils disent ; au lieu que les hommes qui, étant nés sourds et muets, sont privés des organes qui servent aux autres pour parler, autant ou plus que les bêtes, ont coutume d'inventer d'eux-mêmes quelques signes, par lesquels ils se font entendre à

1. ***Les plus hébétés*** : les plus simples d'esprit.

2. ***Insensés*** : littéralement, privés de sens, c'est-à-dire qui ont perdu la raison.

ceux qui, étant ordinairement avec eux, ont loisir d'apprendre leur langue. Et ceci ne témoigne pas seulement que les bêtes ont moins de raison que les hommes, mais qu'elles n'en ont point du tout. Car on voit qu'il n'en faut que fort peu pour savoir parler ; et d'autant qu'on remarque de l'inégalité entre les animaux d'une même espèce*, aussi bien qu'entre les hommes, et que les uns sont plus aisés à dresser que les autres, il n'est pas croyable qu'un singe ou un perroquet, qui serait des plus parfaits de son espèce, n'égalât en cela un enfant des plus stupides, ou du moins un enfant qui aurait le cerveau troublé, si leur âme n'était d'une nature du tout différente de la nôtre. Et on ne doit pas confondre les paroles avec les mouvements naturels, qui témoignent les passions et peuvent être imités par des machines aussi bien que par les animaux ; ni penser, comme quelques anciens, que les bêtes parlent, bien que nous n'entendions pas leur langage : car s'il était vrai, puisqu'elles ont plusieurs organes qui se rapportent aux nôtres, elles pourraient aussi bien se faire entendre à nous qu'à leurs semblables. C'est aussi une chose fort remarquable que, bien qu'il y ait plusieurs animaux qui témoignent plus d'industrie que nous en quelques-unes de leurs actions, on voit toutefois que les mêmes n'en témoignent point du tout en beaucoup d'autres : de façon que ce qu'ils font de mieux que nous ne prouve pas qu'ils ont de l'esprit ; car, à ce compte, ils en auraient plus qu'aucun de nous et feraient mieux en toute autre chose ; mais plutôt qu'ils n'en ont point, et que c'est la nature qui agit en eux, selon la disposition de leurs organes : ainsi qu'on voit qu'un horloge, qui n'est composé que de roues et de ressorts, peut compter les heures, et mesurer le temps, plus justement que nous avec toute notre prudence.

J'avais décrit, après cela, l'âme raisonnable, et fait voir qu'elle ne peut aucunement être tirée de la puissance de la matière, ainsi que les autres choses dont j'avais parlé, mais qu'elle doit expressément être créée ; et comment il ne suffit pas qu'elle soit logée dans le corps humain, ainsi qu'un pilote en son navire, sinon peut-être pour mouvoir ses membres, mais qu'il est besoin qu'elle soit jointe et unie plus étroitement avec lui pour avoir, outre cela, des sentiments et des appétits semblables aux nôtres, et ainsi composer un vrai homme. Au reste, je me suis ici un peu étendu sur le sujet de l'âme, à cause qu'il est des plus importants ; car après l'erreur de ceux qui nient Dieu, laquelle je pense avoir ci-dessus réfutée, il n'y en a point qui éloigne plutôt les esprits faibles du droit chemin de la vertu, que d'imaginer que l'âme des bêtes soit de même nature que la nôtre, et que, par conséquent, nous n'avons rien ni à craindre, ni à espérer, après cette vie, non plus que les mouches et les fourmis ; au lieu que, lorsqu'on sait combien elles diffèrent, on comprend beaucoup mieux les raisons qui prouvent que la nôtre est d'une nature entièrement indépendante du corps, et par conséquent, qu'elle n'est point sujette à mourir avec lui ; puis, d'autant qu'on ne voit point d'autres causes qui la détruisent, on est naturellement porté à juger de là qu'elle est immortelle.

René Descartes, *Discours de la méthode*, GF-Flammarion, 2000, cinquième partie, p. 92-95.

Questions

1. Pourquoi aucune machine, selon Descartes, ne saurait copier la pensée humaine ?

2. Qu'est-ce qui, pour Descartes, rapproche l'animal de la machine ?

3. À quoi tient la différence entre l'homme et l'animal, selon l'auteur ?

4. Expliquez : « il ne suffit pas qu'elle [l'âme] soit logée dans le corps humain, ainsi qu'un pilote en son navire ».

Zoom sur : L'« animal-machine »

La biologie, discipline consacrée à l'étude de la vie et des êtres vivants, n'est apparue que tardivement dans l'histoire des sciences. Le mot lui-même ne semble dater en langue française que de 1802, où il apparaît dans les *Recherches sur l'organisation des corps vivants* du naturaliste* Jean-Baptiste de Lamarck (1744-1829).

À partir de l'Antiquité, en passant par la Renaissance et jusqu'à l'âge classique, le vivant a été pensé sur le modèle d'un mécanisme. Avant l'émergence de la biologie, il ne paraît pas évident que les êtres vivants, en dehors des hommes, soient déterminés par des mécanismes plus complexes qu'un appareil ordinaire. Les philosophes ne réduisent pas entièrement le vivant à une machine, mais faute de connaître sa nature exacte, ils essayent parfois de modéliser le fonctionnement de ce qui est inconnu à partir de ce qui est mieux connu, comme René Descartes (1596-1650), qui effectue des comparaisons avec les systèmes de l'horlogerie.

Les médecins mécanistes, qui s'efforcent de penser l'ensemble des phénomènes médicaux en suivant l'exemple des sciences physiques, élaborent ainsi des modèles* qui réduisent le vivant à certains mécanismes : ils comparent le cœur à une pompe, la circulation du sang à la technique de l'irrigation. On appelle *iatromécaniciens* ces scientifiques italiens qui, à l'école de l'Accademia del Cimento (ouverte à Florence entre 1657 et 1667), s'emploient notamment à appliquer une démarche expérimentale à l'étude des êtres vivants, comme Marcello Malpighi (1628-1694) et Giovanni Borelli (1608-1679).

Certains comportements des êtres vivants semblent de fait obéir à des lois simples, qui associent une réaction, innée ou acquise, à une stimulation venue de l'extérieur et appelée *stimulus* (au pluriel *stimuli*). Le médecin russe Ivan Pavlov (1849-1936) met en évidence la corrélation, chez le chien, entre la sécrétion abondante de salive et la perception par l'animal d'un signal annonçant son repas. En répétant suffisamment de fois l'association d'un stimulus à une situation, il est possible de parvenir à un conditionnement : un stimulus donné entraîne alors une réponse précise. L'école dite behavioriste (de l'américain *behavior*, « comportement »), sous l'impulsion de John B. Watson (1878-1958), a cru pouvoir en déduire que les comportements animaux étaient systématiquement conditionnés par ces apprentissages automatiques, qui produisent des réponses réflexes.

Le behaviorisme assimile la vie d'un animal à la somme de ses comportements visibles, niant l'existence des états mentaux que seraient ses émotions, ses représentations ou ses idées. Même si des modèles théoriques plus bienveillants envers les animaux apparaissent dans la seconde moitié du XIXe siècle, c'est surtout depuis les années 1950 que le behaviorisme est particulièrement critiqué. Les spécialistes des comportements animaux, les éthologues, ont en effet montré que les sociétés animales étaient en réalité d'une extraordinaire complexité, qui ne saurait être expliquée par une simple succession de réflexes.

35. Jean de La Fontaine, « Discours à Madame de La Sablière » (1679)

Jean de La Fontaine (1621-1695), mondialement connu pour ses *Fables*, est un auteur très représentatif du classicisme français. Modeste serviteur du roi en qualité de Maître des Eaux et Forêts, charge qu'il exerce pendant vingt ans, il tire de sa parfaite connaissance de la nature une réflexion sur le comportement humain. En nous tendant le miroir de notre animalité, il questionne l'homme sur sa prétendue supériorité. Témoin ce « Discours à Madame de La Sablière », qui clôt le livre IX des *Fables* et vulgarise poétiquement le débat sur l'intelligence de l'animal. Par son sujet et son ambition philosophique, cette méditation contre la théorie cartésienne* des « animaux-machines » (voir texte précédent, p. 168) porte une réflexion quelque peu désabusée sur la supposée grandeur de l'homme.

[Les animaux se comportent en humains]

[...] Je soutiens
Qu'il faut de tout aux entretiens :
C'est un parterre, où Flore[1] épand ses biens ;
Sur différentes fleurs l'Abeille s'y repose,
Et fait du miel de toute chose.
Ce fondement posé, ne trouvez pas mauvais
Qu'en ces Fables aussi j'entremêle des traits
De certaine Philosophie
Subtile, engageante, et hardie.
On l'appelle nouvelle. En avez-vous ou non
Ouï parler ? Ils disent donc
Que la bête est une machine ;
Qu'en elle tout se fait sans choix et par ressorts :

1. ***Flore*** : déesse romaine des fleurs.

Nul sentiment, point d'âme, en elle tout est corps.
Telle est la montre qui chemine,
À pas toujours égaux, aveugle et sans dessein[1].
Ouvrez-la, lisez dans son sein;
Mainte roue y tient[2] lieu de tout l'esprit du monde.
La première y meut la seconde,
Une troisième suit, elle sonne à la fin.
Au dire de ces gens, la bête est toute telle :
L'objet[3] la frappe en un endroit;
Ce lieu frappé s'en va tout droit,
Selon nous, au voisin en porter la nouvelle.
Le sens de proche en proche aussitôt la reçoit.
L'impression se fait. Mais comment se fait-elle ?
– Selon eux, par nécessité,
Sans passion, sans volonté.
L'animal se sent agité
De mouvements que le vulgaire[4] appelle
Tristesse, joie, amour, plaisir, douleur cruelle,
Ou quelque autre de ces états.
Mais ce n'est point cela; ne vous y trompez pas.
– Qu'est-ce donc ? – Une montre. – Et nous ? – C'est autre chose.
Voici de la façon que Descartes l'expose;
Descartes, ce mortel dont on eût fait un Dieu
Chez les Païens[5], et qui tient le milieu
Entre l'homme et l'esprit, comme entre l'huître et l'homme

1. ***Dessein*** : projet, intention.
2. ***Mainte roue y tient*** : de nombreuses roues y tiennent.
3. ***L'objet*** : ce qui se présente à nos sens.
4. ***Le vulgaire*** : tout un chacun.
5. Le philosophe grec Épicure (341-270 av. J.-C.) est considéré comme un dieu par Lucrèce (v. 98-55 av. J.-C.), écrivain de l'Antiquité romaine. La Fontaine émet ironiquement l'hypothèse que Descartes aurait été divinisé de même.

Le tient tel de nos gens, franche bête de somme.
Voici, dis-je, comment raisonne cet auteur.
Sur tous[1] les animaux, enfants du Créateur,
J'ai le don de penser ; et je sais que je pense.
Or vous savez, Iris[2], de certaine science,
Que, quand la bête penserait,
La bête ne réfléchirait
Sur l'objet ni sur sa pensée[3].
Descartes va plus loin, et soutient nettement
Qu'elle ne pense nullement.
Vous n'êtes point embarrassée
De le croire, ni moi. Cependant, quand aux bois
Le bruit des cors[4], celui des voix,
N'a donné nul relâche à la fuyante proie,
Qu'en vain elle a mis ses efforts
À confondre et brouiller la voie,
L'animal chargé d'ans, vieux Cerf, et de dix cors[5],
En suppose[6] un plus jeune, et l'oblige par force
À présenter aux chiens une nouvelle amorce[7].
Que de raisonnements pour conserver ses jours !
Le retour sur ses pas, les malices, les tours,
Et le change[8], et cent stratagèmes
Dignes des plus grands chefs, dignes d'un meilleur sort !

---

1. ***Sur tous*** : seul entre tous.
2. Nom de convention attribué par La Fontaine à Mme de La Sablière.
3. La bête n'aurait pas conscience de penser.
4. ***Cors*** : instruments de musique utilisés pour la chasse.
5. ***Cors*** : pointes des bois d'un cerf. Leur nombre (entre dix et seize en général) diminue chez les vieux cerfs, mais n'indique pas réellement l'âge de l'animal.
6. ***Suppose*** : substitue.
7. ***Une nouvelle amorce*** : un nouvel appât.
8. ***Change*** : pour des chiens de chasse, fait de renoncer à une proie afin d'en poursuivre une autre.

On le déchire après sa mort :
Ce sont tous ses honneurs suprêmes.

Quand la Perdrix
Voit ses petits
En danger, et n'ayant qu'une plume nouvelle,
Qui ne peut fuir encor par les airs le trépas[1],
Elle fait la blessée, et va traînant de l'aile,
Attirant le Chasseur, et le Chien sur ses pas,
Détourne le danger, sauve ainsi sa famille ;
Et puis, quand le Chasseur croit que son Chien la pille[2],
Elle lui dit adieu, prend sa volée, et rit
De l'Homme, qui confus des yeux en vain la suit.

Non loin du Nord il est un monde
Où l'on sait que les habitants
Vivent ainsi qu'aux premiers temps
Dans une ignorance profonde :
Je parle des humains ; car quant aux animaux,
Ils y construisent des travaux
Qui des torrents grossis arrêtent le ravage,
Et font communiquer l'un et l'autre rivage.
L'édifice résiste, et dure en son entier ;
Après un lit de bois, est un lit de mortier[3].
Chaque Castor agit ; commune en est la tâche ;
Le vieux y fait marcher le jeune sans relâche.
Maint maître d'œuvre y court, et tient haut le bâton[4].
La république de Platon[5]

---

1. ***Le trépas*** : la mort.
2. ***La pille*** : se jette sur elle.
3. ***Mortier*** : dans une construction, mélange qui sert à lier des éléments entre eux.
4. ***Tient haut le bâton*** : exerce son autorité.
5. Voir note 1, p. 80.

Ne serait rien que l'apprentie
De cette famille amphibie[1].
Ils savent en hiver élever leurs maisons,
Passent les étangs sur des ponts,
Fruit de leur art, savant ouvrage ;
Et nos pareils ont beau le voir,
Jusqu'à présent tout leur savoir
Est de passer l'onde à la nage.

Que ces Castors ne soient qu'un corps vide d'esprit,
Jamais on ne pourra m'obliger à le croire ;
[…].

Jean de La Fontaine, « Discours à Madame de La Sablière », in *Fables*, Flammarion, coll. « Étonnants classiques », 2013, p. 194-198.

Questions

1. Comment s'y prend La Fontaine pour caricaturer les théories de René Descartes au début du texte ?
2. Pour réfuter la théorie cartésienne du mécanisme de la sensation chez les bêtes, La Fontaine expose plusieurs exemples (un cerf, une perdrix, des castors). Analysez précisément la valeur argumentative de chacun de ces exemples.
3. Montrez que La Fontaine, en partant du particulier pour impliquer le général, privilégie le raisonnement inductif. Justifiez ce choix.

Exposé

Le peintre Jean-Baptiste Oudry (1686-1755) a illustré les *Fables* de La Fontaine. À partir de quelques illustrations (que vous prendrez soin de mettre en relation avec les textes), montrez comment l'artiste représente l'intelligence et la psychologie animales.

1. ***Amphibie*** : qui vit sur terre et dans l'eau.

36. La Mettrie, *L'Homme machine* (1747)

Julien Offray de La Mettrie (1709-1751) est un philosophe matérialiste de l'époque des Lumières. Cela signifie qu'il entend expliquer la vie, la culture et les productions de l'esprit à partir des lois de la matière inerte. Il établit ainsi une continuité entre toutes les régions de la réalité, si bien qu'il n'y a pour lui aucune séparation tranchée entre chaque règne, végétal, animal ou humain. Voilà pourquoi La Mettrie s'oppose à la tradition dualiste qui distingue nettement l'homme de l'animal en invoquant des critères comme la raison ou la possession d'une âme. Fondée sur l'expérience, son argumentation est moniste : elle suppose que tout dérive d'un seul principe* (en grec, *monos* signifie « unique »).

[Entre l'homme et le singe, une question de degrés]

Pourquoi donc l'éducation des singes serait-elle impossible ? Pourquoi ne pourrait-il enfin, à force de soins, imiter, à l'exemple des sourds, les mouvements nécessaires pour prononcer ? Je n'ose décider si les organes de la parole du singe ne peuvent, quoi qu'on fasse, rien articuler ; mais cette impossibilité absolue me surprendrait, à cause de la grande analogie du singe et de l'homme, et qu'il n'est point d'animal connu jusqu'à présent, dont le dedans et le dehors lui ressemblent d'une manière si frappante.

[…] La même mécanique, qui ouvre le canal d'Eustache[1] dans les sourds, ne pourrait-elle le déboucher dans les singes ? Une heureuse envie d'imiter la prononciation du maître, ne pourrait-elle mettre en liberté les organes de la parole dans des animaux qui imitent tant d'autres signes avec tant d'adresse et d'intelligence ? Non seulement je défie qu'on me cite aucune

1. ***Canal d'Eustache*** : conduit auditif qui relie l'oreille au rhinopharynx.

expérience vraiment concluante, qui décide mon projet impossible et ridicule, mais la similitude de la structure et des opérations[1] du singe est telle que je ne doute presque point, si on exerçait parfaitement cet animal, qu'on ne vînt à bout de lui apprendre à prononcer, et par conséquent à savoir une langue. Alors ce ne serait plus ni un homme sauvage, ni un homme manqué : ce serait un homme parfait, un petit homme de ville, avec autant d'étoffe ou de muscles que nous-mêmes, pour penser et profiter de son éducation.

Des animaux à l'homme, la transition n'est pas violente ; les vrais philosophes en conviendront. Qu'était l'homme, avant l'invention des mots et la connaissance des langues ? Un animal de son espèce*, qui avec beaucoup moins d'instinct naturel que les autres, dont alors il ne se croyait pas roi, n'était distingué du singe et des autres animaux que comme le singe l'est lui-même, je veux dire par une physionomie[2] qui annonçait plus de discernement. Réduit à la seule connaissance intuitive des leibniziens[3], il ne voyait que des figures et des couleurs, sans pouvoir rien distinguer entre elles ; vieux comme jeune, enfant à tout âge, il bégayait ses sensations et ses besoins, comme un chien affamé ou ennuyé du repos demande à manger ou à se promener.

Les mots, les langues, les lois, les sciences, les beaux-arts sont venus, et par eux enfin le diamant brut de notre esprit a été poli. On a dressé un homme comme un animal ; on est devenu auteur comme portefaix[4]. Un géomètre a appris à faire les démonstrations et les calculs les plus difficiles, comme un singe à ôter ou

1. ***Opérations*** : actions.

2. ***Physionomie*** : voir note 1, p. 84.

3. ***Leibniziens*** : partisans du philosophe allemand Leibniz (1646-1716). Il est fait ici allusion à la théorie de la connaissance de Leibniz. Celui-ci considère l'intuition comme une connaissance immédiate qui saisit d'un coup tous les aspects entrant dans la composition d'un objet.

4. ***Portefaix*** : quelqu'un qui porte des fardeaux.

mettre son petit chapeau et à monter sur son chien docile. Tout s'est fait par des signes ; chaque espèce a compris ce qu'elle a pu comprendre : et c'est de cette manière que les hommes ont acquis la connaissance symbolique [...].

Rien de si simple, comme on voit, que la mécanique de notre éducation ! Tout se réduit à des sons ou à des mots, qui de la bouche de l'un passent par l'oreille de l'autre dans le cerveau, qui reçoit en même temps par les yeux la figure des corps dont ces mots sont les signes arbitraires.

Mais qui a parlé le premier ? Qui a été le premier précepteur[1] du genre humain ? Je n'en sais rien ; le nom de ces heureux et premiers génies a été perdu dans la nuit des temps. Mais l'art est le fils de la Nature ; elle a dû longtemps le précéder.

[...] De là serait-il absurde de croire que ces premiers mortels essayèrent, à la manière de ce sourd, ou à celle des animaux et des muets [...] d'exprimer leurs nouveaux sentiments par des mouvements dépendant de l'économie[2] de leur imagination, et conséquemment ensuite par des sons spontanés propres à chaque animal, expression naturelle de leur surprise, de leur joie, de leurs transports ou de leurs besoins ? Car, sans doute, ceux que la Nature a doués d'un sentiment plus exquis ont eu aussi plus de facilité pour l'exprimer.

La Mettrie, *L'Homme machine*, Frédéric Henry, 1865, p. 56-63.

Questions

1. Quel préjugé* philosophique La Mettrie veut-il ici contester ?

2. Quels arguments l'auteur avance-t-il pour établir que la différence entre l'homme et l'animal est une différence de degré et non de nature ?

---

1. ***Précepteur*** : voir note 3, p. 78.
2. ***Économie*** : organisation, système.

37. Boris Cyrulnik, *La Naissance du sens* (1991)

Boris Cyrulnik (né en 1937) est médecin neurologue et psychiatre, spécialiste des sciences du comportement humain et animal. Il s'intéresse de près à la condition des animaux et aux études relatives à leur conduite. Dans *La Naissance du sens,* il étudie l'entrée de l'enfant dans le monde symbolique, c'est-à-dire celui des significations sociales. Il réfléchit aussi à la différence entre l'univers symbolique humain et le monde perçu par l'animal. Dans l'extrait suivant, il prend l'exemple de son chien de compagnie pour rappeler que l'existence d'une réalité commune n'empêche pas que des différences irréductibles subsistent entre les animaux et nous.

[Deux perceptions d'une même armoire]

Mon chien et moi, nous possédons une armoire Louis XIII. Elle se trouve installée dans la salle à manger. Massive, lourde, sombre, austère et majestueuse. Je comprends bien pourquoi il s'applique à l'éviter. Sa géométrie est dissuasive, il ne fait pas bon s'y cogner ! Pourtant, c'est pure illusion, mon chien n'a jamais vu cette armoire Louis XIII ; il ne verra jamais d'armoire Louis XIII, pas plus que de fauteuils Louis-Philippe ou de bureau Directoire… Qui serait Louis-Philippe pour un chien ? Et cette armoire, « mon » armoire : celle qui me vient de la famille de ma femme, que sa tante lui a, un beau jour, donnée en précisant bien, l'air entendu, que c'était un meuble « d'époque », pièce précieuse d'un patrimoine qu'il a fallu transporter, je m'en souviens, avec d'infinies précautions… Non, cette armoire-là, mon chien ne l'a jamais rencontrée, car elle est infiltrée de paroles, de sentiments, silencieusement porteuse de toute une histoire qui lui restera toujours étrangère. Cette « chose », en tant qu'elle occupe une place dans « mon » monde, m'apparaît comme un « objet » de ce monde : une réalité qui ne se trouve pas seulement située dans l'espace-temps physique que je partage effectivement avec mon chien, mais ancrée dans de multiples réseaux de sens, traversée de flux de significations qui lui confèrent à nos yeux sa consistance, celle de « notre » chère armoire Louis XIII. Dira-t-on alors que mon chien se contente de percevoir la « chose » comme telle, la « chose en soi », qu'il buterait sur son existence brute, qu'il se heurterait à son être physique « pur » : sa forme imposante, son volume, sa densité, ses propriétés neutres. Que voilà de l'anthropocentrisme* ! Pourquoi son « monde », parce qu'il s'avère dénué des significations qui donnent forme, substance et saveur au mien, à celui de ma femme et de sa tante, à celui aussi de mes amis qui me rendent visite, se déploierait-il dans un désert de sens ? Mais comment s'assurer du contraire ? Pourrais-je abolir en moi toute humanité au point de me faire chien, ou par manière de communion [1], « esprit de chien » ? Sans doute est-il impossible de m'installer par l'imagination dans une vision canine du monde ; mais je puis à tout le moins effectuer sur les choses quelques manipulations simples qui prouveront que ce monde de chien n'est, pas plus que le mien, réductible à l'univers physique. Ce monde lui apparaît également rempli « d'objets », mais ce sont des « objets de chien ». Il suffit par exemple que je place un morceau de viande dans mon armoire Louis XIII : au lieu de la contourner, mon chien va l'assaillir, il va japper devant, saliver, grogner, aboyer ; le meuble aura perdu sa neutralité apparente, il sera devenu, pour lui, obstacle signifiant [2], quoique ce sens adhère encore de très près à la stimulation biologique. Ainsi se présente le « monde » des animaux, déjà transi de sens, même si ce sens n'est pas le nôtre. Les observations des éthologues* s'inscrivent en faux contre les conceptions de philosophes et de psychologues qui ne veulent voir dans les animaux que de

1. ***Communion*** : union parfaite, souvent spirituelle.
2. ***Signifiant*** : porteur de sens.

pauvres machines livrées à la loi d'airain[1] du « stimulus-réponse[2] ». Dès qu'il perçoit, l'animal confère du sens aux choses qui constituent son monde. Sur l'univers physique, il prélève un matériau à partir duquel il construit ses « objets » propres.

Boris Cyrulnik, *La Naissance du sens*, © Librairie Arthème Fayard, 1998, p. 25 et suiv.

Questions

1. Comment comprenez-vous la première phrase : « Mon chien et moi, nous possédons une armoire Louis XIII » ? Qu'a-t-elle de provocateur ?
2. En quoi l'expérience que fait l'auteur de son armoire diffère-t-elle de celle qu'en a son chien ?
3. Qu'est-ce qu'un « objet de chien » pour Cyrulnik ? Les *pet toys* vendus dans les animaleries en sont-ils ?

38. Karine Lou Matignon, « Un progrès pour l'humanité ? » (2016)

Journaliste et écrivaine, Karine Lou Matignon (née en 1965) s'est spécialisée dans l'étude des animaux, soutenant par exemple l'idée, qui est aussi le titre d'un de ses ouvrages coécrit avec Boris Cyrulnik (né en 1937), que *Sans les animaux, le monde ne serait pas humain* (2000). Dans *Révolutions animales*, ouvrage qu'elle a dirigé et dans lequel elle fait intervenir de nombreux spécialistes de ces questions, elle rappelle comment notre regard sur les animaux a changé à

1. ***Loi d'airain*** : loi impitoyable. L'airain est un alliage métallique réputé pour sa dureté.
2. Allusion à une version simplifiée de la loi de Pavlov, selon laquelle tout comportement animal répond à une excitation extérieure, appelée *stimulus* (voir zoom, p. 172-173).

mesure que les scientifiques se sont penchés sur eux pour les considérer non plus comme des objets ou des instruments, mais comme des êtres appartenant à des communautés de vie qui méritent d'être connues de l'intérieur.

[Mieux connaître les animaux modifie notre propre comportement]

Oui, les animaux ont changé. Ces dernières années, la science a participé à faire évoluer la perception que nous avions d'eux en nous rendant accessibles leurs univers mentaux. Elle dresse aujourd'hui un portrait d'eux plus singulier et dynamique. La frontière entre eux et nous est devenue floue, si tant est qu'elle ait jamais existé. Après tout, nous sommes issus de ce monde animal, il n'y a pas de différence de nature, juste quelques variations de capacités selon les espèces. Ils ne sont plus ces mécaniques d'autrefois ni même seulement les vagues représentants d'une espèce, mais sont devenus des individus sensibles, inventifs, expressifs, et parfois même des peuples, dotés de cultures. On sait aujourd'hui que la conscience et la souffrance ne sont pas liées à la capacité d'intelligence des animaux ou à la taille de leur cerveau. On admet que la douleur et la peur sont répandues chez les mammifères, les oiseaux, les poissons, les céphalopodes[1], les mollusques et les crustacés. Ces constats mènent à de nouvelles considérations des animaux ; l'ensemble constitue un tournant majeur dans notre société qui nous conduit à repenser la question de leurs droits et de nos obligations à leur égard. J'ai suivi cette évolution et abordé la question animale sous de multiples angles ces vingt dernières années. Récemment, j'ai constaté autour d'elle l'apparition d'un mouvement international né sous l'impulsion de la science. [...]

---

1. ***Céphalopodes*** : mollusques dont la tête est pourvue de tentacules.

À toutes les époques, des voix se sont élevées en faveur de la reconnaissance de droits au profit des animaux. La question de leur souffrance a orienté le mouvement contemporain, mais aujourd'hui, de nouvelles voies sont proposées pour concevoir une autre manière de vivre avec eux. Des chercheurs envisagent désormais les animaux comme des « collaborateurs » quand la philosophie politique propose une démocratie « humanimale » où les animaux seraient représentés par des médiateurs humains au cœur des institutions, où les animaux domestiques deviendraient des citoyens et où la souveraineté des animaux sauvages, grands oubliés du droit, serait respectée. Les rapports politiques à l'animal sont également pensés dans le sens éthologique* du terme au nom de l'« éthique de la relation ». Des propositions audacieuses suggèrent d'apprendre, par exemple, les modalités géopolitiques[1] des prédateurs, en l'occurrence leurs mœurs, conventions et limites territoriales, afin d'interagir autrement avec eux et de privilégier la cohabitation durable à la confrontation répétée, et ce, pour le bénéfice des deux parties ; en d'autres termes, user de « diplomatie animale » et envisager des « pactes diplomatiques » pour faire cesser cette guerre contre la nature qui n'a que trop duré.

Jugée hier avec condescendance[2], cette sollicitude[3] pour les animaux induite par[4] la connaissance est devenue une question sociétale bien vivace qu'on ne peut plus ignorer. Elle s'impose peu à peu sur la scène économique et politique mondiale. C'est une préoccupation qui arrive à une époque où, paradoxalement, nous n'avons jamais commis autant de cruautés sur les animaux.

---

1. ***Modalités géopolitiques*** : relations de pouvoir attenantes à la gestion et à l'occupation des territoires.
2. ***Condescendance*** : supériorité méprisante.
3. ***Sollicitude*** : soin prodigué avec attention.
4. ***Induite par*** : qui est la conséquence de.

Cette compassion pour eux, malgré des abus toujours plus terribles et une impunité[1] inexcusable, augure, qu'on le veuille ou non, de[2] transformations profondes et d'autres manières de vivre avec eux. C'est une révolution qui indique une évolution morale de notre société et constitue de fait un progrès pour l'humanité.

Karine Lou Matignon, « Un progrès pour l'humanité ? »,
in Karine Lou Matignon (dir.), *Révolutions animales*,
© Arte éditions / Les Liens qui libèrent, 2016, p. 10-11 et 13.

Questions

1. Que veut dire l'auteure en soutenant que les animaux n'apparaissent plus comme les « mécaniques d'autrefois » ou « les vagues représentants d'une espèce » ?
2. À partir de l'exemple donné dans ce texte, comment comprenez-vous l'expression « éthique de la relation » ? Proposez d'autres exemples de mise en application de cette éthique.
3. Quelle différence y a-t-il entre une évolution et une révolution ? Pourquoi cette évolution dans le regard porté sur l'animal est-elle en même temps une révolution ?

---

1. ***Impunité*** : absence de punition.
2. ***Augure* [...] *de*** : annonce des.

3. Comment les animaux nous aident-ils à comprendre qui nous sommes ?

Dans nos récits, l'animal n'est pas seulement une forme de vie étrangère que nous aimerions connaître ; il est aussi un moyen et un révélateur pour comprendre l'homme lui-même. Le genre de la fable animalière en témoigne depuis le Grec Ésope (VIIe-VIe siècle av. J.-C.) : les animaux y servent d'allégories pour réfléchir sur des attitudes et des défauts humains. En fonction de leurs caractéristiques physiques ou de leur alimentation, les fabulistes leur assignent des propriétés humaines et mettent ainsi la société en scène. Sur le même principe, notre langage est peuplé de références zoologiques, qui interviennent dans de multiples expressions ou proverbes. Les animaux inspirent aux écrivains toutes sortes de comparaisons et fondent de nombreuses caricatures, qui accentuent certains traits de la nature humaine (François de La Rochefoucauld, p. 189).

Le monde animal fournit également des analogies pour comprendre notre organisation sociale. Depuis l'Antiquité, la métaphore de la ruche assimile la société à un grand corps dont les membres sont liés entre eux et participent à une dynamique collective, comme des abeilles appartenant à une même ruche. Cette interdépendance entre l'individu et la société a reçu des interprétations très diverses, en fonction des convictions politiques du philosophe qui emploie l'analogie. Pour l'écrivain néerlandais Bernard Mandeville (1670-1733), elle démontre le principe de l'individualisme, théorie qui considère que les efforts égoïstes accomplis par chaque individu pour améliorer sa situation personnelle finissent, en se cumulant, par générer un mouvement d'ensemble bénéfique à la société tout entière.

L'attitude que nous adoptons envers les animaux engage notre moralité. Témoigner du respect aux animaux, c'est s'éduquer et s'élever soi-même. Ce constat nous invite à élargir le critère en vertu duquel nous octroyons notre respect aux êtres vivants. Ne faudrait-il pas cesser de limiter le bénéfice de notre respect aux seuls humains, pour convenir de respecter tous les êtres qui ressentent la douleur (Jeremy Bentham, p. 192) ? Il suffit pour y être incité de se mettre à la place de l'animal. Or les écrivains savent opérer ce décentrement, en inventant les métamorphoses les plus originales : sous leur plume, l'homme peut même se changer en insecte (Franz Kafka, p. 195).

39. François de La Rochefoucauld, *Maximes* (1664)

De même que Jean de La Fontaine s'inspire des fables d'Ésope pour établir des analogies entre les comportements humains et les caractéristiques animales, François de La Rochefoucauld (1613-1680) a lu de près les *Caractères* du philosophe grec Théophraste (v. 371-v. 288 av. J.-C.), chez qui les hommes sont parfois comparés à des animaux. Dans ses *Maximes*, La Rochefoucauld explique d'où vient la fécondité du rapprochement entre les hommes et les animaux. Les attributs physiques des animaux servent de symboles pour faire apparaître des propriétés morales, s'ils sont transférés aux êtres humains. Pareil raisonnement relève de l'anthropomorphisme, qui consiste à voir chez les animaux des attitudes ou des traits de personnalité humains.

[Quels animaux nous sommes !]

Il y a autant de diverses espèces d'hommes qu'il y a de diverses espèces d'animaux, et les hommes sont, à l'égard des autres hommes, ce que les différentes espèces d'animaux sont entre elles et à l'égard les unes des autres. Combien y a-t-il d'hommes qui vivent du sang et de la vie des innocents, les uns comme des tigres, toujours farouches et toujours cruels, d'autres comme des lions, en gardant quelque apparence de générosité, d'autres comme des ours, grossiers et avides, d'autres comme des loups, ravissants et impitoyables ; d'autres comme des renards, qui vivent d'industrie [1], et dont le métier est de tromper !

Combien y a-t-il d'hommes qui ont du rapport aux chiens ! Ils détruisent leur espèce ; ils chassent pour le plaisir de celui qui les nourrit ; les uns suivent toujours leur maître, les autres gardent sa maison. Il y a des lévriers d'attache [2], qui vivent de leur valeur, qui se destinent à la guerre, et qui ont de la noblesse dans leur courage, il y a des dogues [3] acharnés, qui n'ont de qualités que la fureur ; il y a des chiens, plus ou moins inutiles, qui aboient souvent, et qui mordent quelquefois, et il y a même des chiens de jardinier. II y a des singes et des guenons qui plaisent par leurs manières, qui ont de l'esprit, et qui font toujours du mal. Il y a des paons qui n'ont que de la beauté, qui déplaisent par leur chant, et qui détruisent les lieux qu'ils habitent.

II y a des oiseaux qui ne sont recommandables que par leur ramage [4] ou par leurs couleurs. Combien de perroquets, qui parlent sans cesse, et qui n'entendent jamais ce qu'ils disent ; combien de pies et de corneilles, qui ne s'apprivoisent que pour dérober ; combien d'oiseaux de proie, qui ne vivent que de rapine [5] ; combien d'espèces d'animaux paisibles et tranquilles, qui ne servent qu'à nourrir d'autres animaux !

Il y a des chats, toujours au guet, malicieux et infidèles, et qui font patte de velours ; il y a des vipères dont la langue est venimeuse, et dont le reste est utile ; il y a des araignées, des mouches, des punaises et des puces, qui sont toujours incommodes et insupportables ; il y a des crapauds, qui font horreur, et qui n'ont que du venin ; il y a des hiboux, qui craignent la

1. ***Industrie*** : ici, habileté malhonnête.
2. ***D'attache*** : qu'on tient attachés en journée et qu'on lâche la nuit.
3. ***Dogues*** : grands chiens, d'allure effrayante.
4. ***Ramage*** : chant.
5. ***Rapine*** : pillage, malversation.

lumière. Combien d'animaux qui vivent sous terre pour se conserver ! Combien de chevaux, qu'on emploie à tant d'usages, et qu'on abandonne quand ils ne servent plus ; combien de bœufs, qui travaillent toute leur vie pour enrichir celui qui leur impose le joug ; de cigales, qui passent leur vie à chanter ; de lièvres, qui ont peur de tout ; de lapins, qui s'épouvantent et rassurent en un moment ; de pourceaux [1], qui vivent dans la crapule [2] et dans l'ordure ; de canards privés [3], qui trahissent leurs semblables, et les attirent dans les filets ; de corbeaux et de vautours, qui ne vivent que de pourriture et de corps morts ! Combien d'oiseaux passagers, qui vont si souvent d'un bout du monde à l'autre, et qui s'exposent à tant de périls, pour chercher à vivre ! Combien d'hirondelles, qui suivent toujours le beau temps ; de hannetons, inconsidérés et sans dessein [4] ; de papillons, qui cherchent le feu qui les brûle ! Combien d'abeilles, qui respectent leur chef, et qui se maintiennent avec tant de règle et d'industrie [5] ! Combien de frelons, vagabonds et fainéants, qui cherchent à s'établir aux dépens des abeilles ! Combien de fourmis, dont la prévoyance et l'économie soulagent tous leurs besoins ! Combien de crocodiles, qui feignent de se plaindre pour dévorer ceux qui sont touchés de leur plainte ! Et combien d'animaux qui sont assujettis parce qu'ils ignorent leur force !

Toutes ces qualités se trouvent dans l'homme, et il exerce, à l'égard des autres hommes, tout ce que les animaux dont on vient de parler exercent entre eux.

François de La Rochefoucauld, « Réflexions diverses, XI. Du rapport des hommes avec les animaux », in *Maximes*, GF-Flammarion, 1977, p. 123-124.

---

1. ***Pourceaux*** : porcs.
2. ***La crapule*** : la débauche, le vice.
3. ***Privés*** : privés de liberté, pour servir d'appât.
4. ***Dessein*** : voir note 1, p. 175.
5. ***Industrie*** : ici, activité organisée et productive.

Questions

1. Comment les propriétés physiques et comportementales des animaux peuvent-elles revêtir un sens moral, du point de vue humain ? Prenez trois exemples dans le texte et analysez-les.

2. Pourquoi passer par l'intermédiaire de l'animal pour parler des hommes ?

40. Jeremy Bentham, *Introduction aux principes de morale et de législation* (1789)

Dans une note de son *Introduction aux principes de morale et de législation*, le philosophe anglais Jeremy Bentham (1748-1832) est l'un des premiers à donner un argument juridique en faveur d'un droit des animaux, en tout cas d'un droit des animaux à ne pas subir inutilement de tourments de notre part. Partant du principe que la capacité de souffrir ou de ressentir la douleur suffit pour justifier la considération morale d'un être, il critique la partition rigide entre l'homme et les animaux. Il ne s'agit pas de dire qu'ils sont identiques et qu'il faut les traiter identiquement, mais qu'ils sont semblables et tous dignes de ne pas être inutilement tourmentés.

[Les animaux souffrent aussi]

« Dans les religions des gentous[1] et des mahométans[2], les intérêts du reste de la création animale semblent avoir reçu une certaine attention. Pourquoi n'ont-ils pas universellement reçu la même attention que les intérêts des créatures humaines, en tenant compte des différences de sensibilité ? Parce que les lois qui existent ont été l'œuvre de la crainte mutuelle, un sentiment

1. ***Gentous*** : ancienne dénomination des habitants du sous-continent indien.
2. ***Mahométans*** : musulmans.

dont les animaux moins rationnels n'ont pas eu les moyens de tirer le même profit que l'homme. Pourquoi ne devrait-on pas les prendre en compte ? On ne peut invoquer aucune raison pour justifier cela. S'il ne s'agissait que du fait qu'on les mange, il y aurait de très bonnes raisons pour que l'on supporte que nous mangions ceux que nous aimons manger ; nous ne nous en trouvons que mieux et ils ne s'en trouvent pas plus mal. Ils ne sont en effet capables d'aucune de ces anticipations prolongées du malheur futur qui nous caractérisent. La mort que nous leur infligeons est ordinairement plus rapide, et de ce fait moins douloureuse, que celle qui les attendrait dans le cours inévitable de la nature, et il est toujours possible de faire en sorte que ce soit le cas. S'il ne s'agissait que du fait qu'on les tue, il y aurait de très bonnes raisons pour que l'on supporte que nous tuions les animaux qui nous importunent, car s'ils vivaient, nous nous en trouverions plus mal, tandis qu'ils ne se trouveraient pas plus mal d'être morts. Mais y a-t-il des raisons de supporter que nous les tourmentions ? Je n'en vois aucune. Y a-t-il des raisons de ne pas supporter que nous les tourmentions ? Oui, il y en a plusieurs. [...] Il fut un temps, j'ai le regret de constater qu'en de nombreux endroits c'est toujours le cas, où la plus grande partie de notre espèce, à laquelle on donnait le nom d'esclaves, était traitée par la loi exactement sur le même plan que le sont encore les races* d'animaux inférieurs, en Angleterre par exemple. Le jour arrivera peut-être où le reste de la création animale acquerra[1] les droits que seule une main tyrannique a pu leur retirer. Les Français ont déjà découvert que la noirceur de la peau n'était pas une raison pour abandonner un homme au caprice de ses persécuteurs sans lui laisser aucun recours[2]. Peut-être

1. ***Acquerra*** : obtiendra (futur du verbe *acquérir*).
2. En 1785, plusieurs livres étaient parus en France pour prendre la défense des gens dits « de couleur ». L'esclavage n'est définitivement aboli en France qu'en 1848.

admettra-t-on un jour que le nombre de pattes, la pilosité ou la terminaison de l'os sacrum[1] sont des raisons tout aussi insuffisantes d'abandonner un être sentant à ce même sort. Quel autre critère doit permettre d'établir une distinction tranchée ? Est-ce la faculté de raisonner, ou peut-être la faculté de parler ? Mais un cheval ou un chien adulte est un être incomparablement plus rationnel qu'un nourrisson âgé d'un jour, d'une semaine ou même d'un mois – il a aussi plus de conversation. Mais à supposer qu'il n'en soit pas ainsi, qu'en résulterait-il ? La question n'est pas : « peuvent-ils raisonner ? », ni « peuvent-ils parler ? » mais « peuvent-ils souffrir ? ».

Jeremy Bentham, *Introduction aux principes de morale et de législation*, trad. Centre Bentham, , p. 324-325. www.vrin.fr

Questions

1. Bentham est-il entièrement opposé au fait que nous mangeons ou tuons les animaux ? Quel problème soulève-t-il ici ?
2. La comparaison entre le traitement que l'on fait subir à l'animal et celui que l'homme fait subir à d'autres hommes vous paraît-elle justifiée ? Pour quelle raison ?
3. L'« argument des cas marginaux » est un mode de raisonnement développé par les philosophes qui défendent l'égalité du statut moral des animaux et des êtres humains. Il consiste à rappeler que pour tout critère censé séparer l'animal de l'humain, on peut trouver des hommes (très minoritaires, donc marginaux) qui ne correspondent pas non plus à ce critère. Comment Bentham fait-il usage de cet argument, à la fin de l'extrait ?

1. *Sacrum* : os situé sur la partie inférieure de la colonne vertébrale et se prolongeant parfois en queue.

41. Franz Kafka, *La Métamorphose* (1915)

Rédigée en 1912 dans un contexte de crise politique, sociale et familiale grave, *La Métamorphose*, de l'écrivain tchèque de langue allemande Franz Kafka (1883-1924), entretient le malaise et la perplexité. Derrière le point de départ fantastique de la nouvelle se cache en effet un sens symbolique qui altère volontairement les conventions et les codes du romanesque. Le chapitre III retranscrit cette ambiguïté : Gregor, personnage banal métamorphosé en insecte, profite d'un moment d'inattention de la famille, qui l'a caché dans sa chambre, pour écouter sa sœur Grete jouer du violon. Derrière l'absurdité oppressante de ce tableau grotesque, caractéristique de l'univers kafkaïen, transparaît une réflexion sur le tragique de la condition humaine.

[Était-il une bête, pour être à ce point ému par la musique ?]

La sœur se mit à jouer ; le père et la mère suivaient attentivement, chacun de son côté, les mouvements de ses mains. Gregor, attiré par la musique, s'était risqué à s'avancer un peu et avait déjà la tête dans la salle de séjour. Il ne s'étonnait guère d'avoir si peu d'égards pour les autres, ces derniers temps ; naguère[1], ces égards avaient fait sa fierté. Et pourtant il aurait eu tout lieu de se cacher, surtout maintenant, car du fait de la poussière qu'il y avait partout dans sa chambre et qui volait au moindre mouvement, il était couvert de poussière lui aussi ; sur son dos et ses flancs, il traînait avec lui des fils, des cheveux, des débris alimentaires ; il était bien trop indifférent à tout pour se mettre sur le dos et se frotter au tapis, comme il le faisait auparavant plusieurs fois par jour. Et en dépit de l'état où il était, il n'éprouva aucune

1. ***Naguère*** : voir note 5, p. 25.

gêne à s'engager un peu sur le parquet immaculé de la salle de séjour.

Du reste, personne ne se souciait de lui. La famille était tout occupée par le violon ; les sous-locataires [1], en revanche, [...] se retirèrent bientôt du côté de la fenêtre en devisant à mi-voix, têtes penchées, et restèrent là-bas, observés par le père avec inquiétude. On avait vraiment l'impression [...] qu'ils avaient assez de tout ce numéro et que c'était par pure courtoisie qu'ils laissaient encore troubler leur tranquillité. [...] Et pourtant, la sœur de Gregor jouait si bien ! Son visage était incliné sur le côté, ses regards suivaient la portée [2] en la scrutant d'un air triste. Gregor avança encore un peu, tenant la tête au ras du sol afin de croiser éventuellement le regard de sa sœur. Était-il une bête, pour être à ce point ému par la musique ? Il avait le sentiment d'apercevoir le chemin conduisant à la nourriture inconnue dont il avait le désir. Il était résolu à s'avancer jusqu'à sa sœur, à tirer sur sa jupe et à lui suggérer par là de bien vouloir venir dans sa chambre avec son violon, car personne ici ne méritait qu'elle jouât comme lui entendait le mériter. Il ne la laisserait plus sortir de sa chambre, du moins tant qu'il vivrait ; son apparence effrayante le servirait, pour la première fois ; il serait en même temps à toutes les portes de sa chambre, crachant comme un chat à la figure des agresseurs ; mais il ne faudrait pas que sa sœur restât par contrainte, elle demeurerait de son plein gré auprès de lui ; elle serait assise à ses côtés sur le canapé, elle inclinerait vers lui son oreille, et alors il lui confierait avoir eu la ferme intention de l'envoyer au conservatoire [3], il lui dirait que, si le malheur ne s'était pas produit entre-temps, il l'aurait annoncé à tous au Noël dernier – Noël était bien déjà passé, n'est-ce pas ? – en

---

1. ***Sous-locataires*** : personnes qui louent un local à des gens qui en sont eux-mêmes locataires.
2. ***Portée*** : ensemble de lignes parallèles sur lesquelles sont écrites les notes de musique.
3. ***Conservatoire*** : école de musique.

ignorant toutes les objections. Après cette déclaration, sa sœur attendrie fondrait en larmes, et Gregor se hisserait jusqu'à son épaule et l'embrasserait dans le cou, lequel, depuis qu'elle travaillait au magasin, elle portait dégagé, sans ruban ni col.

« Monsieur Samsa ! » lança au père le monsieur du milieu en montrant du doigt, sans un mot de plus, Gregor qui progressait lentement. Le violon se tut, le monsieur hocha d'abord la tête en adressant un sourire à ses amis, puis se tourna de nouveau vers Gregor. Au lieu de chasser celui-ci, son père parut juger plus nécessaire de commencer par apaiser les sous-locataires, bien que ceux-ci ne parussent nullement bouleversés et que Gregor semblât les amuser plus que le violon. Il se précipita vers eux et, les bras écartés, chercha à les refouler vers leur chambre, et en même temps à les empêcher de regarder Gregor. […] Entre-temps, la sœur avait surmonté l'hébétude[1] où elle avait été plongée après la brusque interruption de sa musique […] et avait filé dans la pièce voisine, dont les messieurs approchaient déjà plus rapidement sous les injonctions du père. Sous les mains expertes de Grete, on y vit alors voler en l'air les couvertures et les oreillers des lits, qui trouvaient leur bonne ordonnance. Avant même que les messieurs eussent atteint la chambre, elle avait fini leur couverture et s'éclipsait. […] [L]e monsieur du milieu tapa du pied avec un bruit de tonnerre, stoppant ainsi le père. « Je déclare », dit-il en levant la main et en cherchant des yeux aussi la mère et la sœur « qu'étant donné les conditions révoltantes qui règnent dans cet appartement et cette famille », et en disant cela il cracha résolument sur le sol, « je vous donne mon congé séance tenante […] ». […] [S]es deux amis déclarèrent sans plus tarder : « Nous aussi, nous donnons congé séance tenante. » Là-dessus, il empoigna le bec-de-cane[2] et referma la porte avec fracas.

---

1. ***Hébétude*** : abrutissement causé par un choc.
2. ***Bec-de-cane*** : poignée de porte sans serrure.

Le père tituba jusqu'à sa chaise en tâtonnant, et s'y laissa tomber [...]. Pendant tout ce temps, Gregor s'était tenu coi[1] à l'endroit même où les messieurs l'avaient surpris. La déception de voir son plan échouer, mais peut-être aussi la faiblesse résultant de son jeûne prolongé le rendaient incapable de se mouvoir. Il craignait avec une quasi-certitude que d'un instant à l'autre un effondrement général lui retombât dessus, et il attendait. Même le violon ne le fit pas bouger, qui, échappant aux doigts tremblants de la mère, tomba de ses genoux par terre en résonnant très fort.

« Mes chers parents », dit la sœur en abattant sa main sur la table en guise d'entrée en matière, « cela ne peut plus durer [...] : nous devons tenter de nous en débarrasser [...]. »

Franz Kafka, *La Métamorphose*, trad. B. Lortholary, Flammarion, coll. « Étonnants Classiques », 2014, p. 92-96.

Questions

1. Comment s'y prend l'auteur pour se distancer de la littérature d'épouvante ?

2. Montrez que les humains du texte (le père et les sous-locataires en particulier) semblent mécanisés, automatisés, réduits à des forces brutales et dépourvus de toute intériorité.

3. Cette façon de prendre ses distances avec la tragédie racontée est caractéristique de l'expressionnisme kafkaïen : apparu au début du XXe siècle, l'expressionnisme est la projection d'une subjectivité qui tend à déformer la réalité pour inspirer au lecteur une réaction émotionnelle. Montrez que tout le réalisme de la scène semble progressivement déformé au point de devenir oppressant.

4. La bestialité peut prendre de nombreuses formes : qui sont les véritables monstres dans le texte ?

---

1. ***Coi*** : silencieux et calme.

Analyse de film : Elephant Man (1980)

Sorti en 1980 et réalisé par l'États-Unien David Lynch (né en 1946), ce film tourné volontairement en noir et blanc plonge le spectateur dans l'Angleterre victorienne (du nom de la reine Victoria, 1819-1901) des années 1880. Il adapte librement les mémoires du chirurgien Frederick Treves (1853-1923), qui rencontra Joseph Merrick (1862-1890), surnommé « Elephant Man » en raison des malformations physiques dont il souffrait. Dans la scène d'introduction, Merrick (qui se prénomme John dans le film) est exhibé brutalement lors d'une foire par Bytes, un forain sans scrupules. Il est montré du doigt par le public, qui le regarde, le touche, le traite comme un objet.

Dans ce film, la laideur physique de Merrick, par les réactions qu'elle suscite chez les autres, dévoile la laideur morale de l'humanité. Lynch nous oblige à une réflexion critique : qui est le véritable monstre ? Celui qui en a l'aspect ou celui qui traite quelqu'un comme tel ? Ainsi représentée, la société donne à voir le spectacle d'une inhumaine comédie. Les individus qui la composent rejettent Merrick hors du cercle de l'humanité : ils le réduisent au statut d'un animal pourvu de sensations. Ils projettent sur lui une animalité qui évoque les hommes à tête d'animal que l'on s'amusait à présenter au XIXe siècle sur les pistes des cirques ou sur les planches des théâtres de boulevard, spécialisés dans les divertissements populaires.

La fascination pour ces figures rappelle l'esthétique des grotesques, ces peintures fantaisistes représentant souvent des créatures hybrides, qui connurent un grand succès en Italie durant la Renaissance. Ces références, comme le traitement infligé à Merrick, ne jouent pas seulement avec l'animalisation de figures humaines : elles les bestialisent également. Or la bestialité est une notion* qui dépasse la possession d'attributs animaux, ce que désigne l'animalité, pour indiquer la manifestation

des caractères les plus primaires, souvent brutaux ou sexuels, que peuvent posséder les animaux. Elle est ce qui nous fait peur dans la bête, dans le monstre – et parfois en nous-même. Mais cette bestialité n'est liée au personnage de Merrick que parce que les gens associent à tort à une attitude morale ses caractéristiques physiques. Le chirurgien Treves découvre en effet dans le film à quel point Merrick est doux, intelligent et cultivé.
Ce sujet permet au réalisateur de s'écarter des normes* habituelles qu'imposent l'art et la science. Le monstrueux ne constitue pas juste un écart par rapport à ce qui est normal. Dans ce film, il connote l'échec de l'homme. Comme Gregor Samsa et tous les monstres de l'art ou de la littérature, Merrick incarne finalement la condition de tout être humain, forcé de réfléchir sur lui-même, d'examiner sa part de folie intérieure et de s'interroger : ne sommes-nous pas tous des monstres ?

Prolongements

À lire

– Jakob von Üxkull, ***Mondes animaux et monde humain***, première édition 1934, trad. P. Muller, Pocket, coll. « Pocket Agora », 2004.
Biologiste et philosophe, l'auteur est un précurseur des sciences du comportement animal. Dans cet ouvrage, il explore des facettes du monde propre à certaines espèces en montrant que le monde vécu de l'animal est riche, complexe et profondément différent de celui de l'homme. Il analyse notamment le monde de la tique.

– Konrad Lorenz, *Les Oies cendrées*, trad. C. Dhorbais, Albin Michel, 1989.
Biologiste autrichien de renommée mondiale, Konrad Lorenz (1903-1989) est célèbre pour ses travaux novateurs sur les rituels des animaux. Il est l'un des fondateurs de l'éthologie, l'étude du comportement animal. Dans ce très bel ouvrage, il raconte sa

passion pour les oies cendrées dont il a étudié pendant près de soixante-quinze ans les surprenants modes de vie. Un passionnant témoignage.

– Jocelyne Porcher, *Vivre avec les animaux. Une utopie pour le XXIe siècle*, La Découverte, coll. « La Découverte Poche / Sciences humaines et sociales », 2014.
  Chargée de recherche à l'Institut national de la recherche agronomique (INRA), l'auteure dénonce les conditions d'élevage et d'abattage des animaux dans nos sociétés de consommation de masse, dominées par le rendement. Elle montre que vivre dignement avec les animaux en évitant leur mise à mort industrielle pourrait se révéler comme l'une des plus belles utopies du XXIe siècle.

– Sue Donaldson et Will Kymlicka, *Zoopolis. Une théorie politique des droits des animaux*, trad. P. Madelin, Alma éditeur, 2016.
  Cet ouvrage important examine les limites de notre conception classique du droit des animaux pour défendre l'idée plus exigeante selon laquelle nous aurions des obligations envers eux. Il ne fait aucune concession au sentimentalisme et se fonde sur des analyses juridiques, morales et politiques pointues, mais toujours avec clarté, en faisant fond notamment sur le concept de vulnérabilité.

– Emmanuelle Pouydebat, *L'Intelligence animale. Cervelle d'oiseaux et mémoire d'éléphants*, Odile Jacob, 2017.
  Chercheuse au CNRS (Centre national de la recherche scientifique) et au Muséum national d'histoire naturelle, Emmanuelle Pouydebat montre que l'intelligence, loin d'être spécifique au genre humain, est une fonction adaptative partagée par tous les animaux : non seulement ils éprouvent des sentiments, mais ils sont capables d'utiliser, voire d'améliorer des outils. Un essai stimulant, nourri de multiples expériences de terrain.

À voir

– Brett Morgen, *Jane*, États-Unis, 2017.
  Ce film documentaire, monté à partir de vidéos d'archives, retrace le premier séjour d'étude de Jane Goodall chez les chimpanzés, en Tanzanie, quand elle avait vingt-six ans. Ces images sont commentées par Jane Goodall elle-même, âgée de quatre-vingt-trois ans en 2017.

LEXIQUE

ALTÉRITÉ (n. f.) : tout ce qui est autre que soi. Ce peut être par exemple l'altérité des êtres humains qui m'entourent, lesquels m'apparaissent comme étrangers, ou bien l'altérité du réel par rapport à la connaissance qui cherche à s'en emparer.

AMÉRINDIEN (adj. et n.) : relatif aux peuples qui étaient présents en Amérique avant la colonisation européenne du XVe siècle.

ANTHROPOCENTRISME (n. m.) : tendance à rapporter toute chose au point de vue de l'homme.

ANTHROPOLOGIE (n. f.) : science qui étudie l'être humain et, plus particulièrement, les pratiques sociales et culturelles d'une société sous différents aspects. À partir de la fin du XIXe siècle, sous l'influence de l'anthropologue* britannique Edward Tylor (1832-1917), l'*anthropologie sociale* s'est intéressée à l'étude des sociétés non européennes. Elle s'intéresse aujourd'hui à l'ensemble des sociétés contemporaines, dont elle cherche à expliquer les mécanismes, à travers l'examen des modes de vie.

ANTHROPOLOGUE (n. f. et m.) : scientifique spécialiste de l'anthropologie*.

ANTHROPOMORPHISME (n. m.) : manière de penser qui conduit à projeter sur d'autres espèces, en particulier animales, des comportements ou des modes de réflexion qu'adoptent les êtres humains.

ARISTOTÉLICIEN (adj.) : renvoie aussi bien à l'école du philosophe grec Aristote (384-322 av. J.-C.) qu'à sa pensée. On parle ainsi de la physique aristotélicienne pour désigner une conception du monde physique selon laquelle chaque élément de la nature possède un lieu qui lui est propre et un mouvement spontané spécifique.

AUTOCHTONE (adj. et n.) : à l'origine, ce terme appartenait au vocabulaire de la géologie et désignait la terre d'origine d'une région, avant mélanges ou déformations. Par extension, un(e) autochtone est une personne originaire du territoire où elle habite et que ses ancêtres ont également habité.

CARTÉSIEN (adj.) : au sens strict, relatif au philosophe René Descartes (1596-1650) et à sa pensée.

Dans le langage courant, ce terme qualifie un individu qui cherche à tout expliquer de manière rationnelle et à faire de la raison son guide.

COPERNICIEN (adj.) : relatif au scientifique polonais Nicolas Copernic (1473-1543) et plus spécialement à son système astronomique, l'*héliocentrisme*, où le Soleil est considéré comme le centre de l'univers (place occupée par la Terre dans le *géocentrisme*). En démontrant que c'est la Terre qui tourne autour du Soleil et non l'inverse, Copernic a bouleversé la représentation de l'univers. L'extension de la « révolution copernicienne » au domaine politique, religieux, philosophique et social s'est fait sentir jusqu'au XVIIIe siècle.

DOCTRINE (n. f.) : ensemble structuré de thèses et de principes. Une doctrine peut être à la fois théorique, quand elle énonce des jugements qu'elle tient pour vrais, et pratique, quand elle énonce des jugements qu'elle tient pour bons, justes et dignes d'être mis en œuvre dans notre vie.

ÉPISTÉMOLOGIE (n. f.) : discipline qui consiste à examiner la nature, l'histoire, les enjeux et la portée des sciences et des connaissances humaines.

ÉPISTÉMOLOGIQUE (adj.) : relatif à l'épistémologie*.

ESPÈCE (n. f.) : ensemble d'individus possédant des caractéristiques biologiques identiques et susceptibles de se reproduire entre eux en ayant une descendance fertile. Dans la classification biologique des êtres vivants, les espèces qui présentent des caractéristiques communes sont regroupées en genres. Les genres qui présentent des traits communs sont eux-mêmes regroupés en familles.

ETHNOCENTRIQUE (adj.) : qui relève de l'ethnocentrisme*.

ETHNOCENTRISME (n. m.) : tendance qu'a l'être humain à juger les autres sociétés en fonction des valeurs véhiculées par sa propre culture. L'ethnocentrisme est commun à tous les peuples : ainsi avons-nous tendance à juger comme plus importants des événements reliés à notre pays ou à notre époque.

ETHNOGRAPHE (n. f. et m.) : scientifique spécialiste de l'ethnographie*.

ETHNOGRAPHIE (n. f.) : comme l'ethnologie*, l'ethnographie s'intéresse aux différentes populations de la Terre. Mais alors que l'ethnologie s'attache à leur étude théorique, l'ethnographie a pour objet la description précise de leurs modes de vie. Par exemple, étudier une civilisation en général relève de l'ethnologie alors qu'étudier une langue en particulier relève davantage de l'ethnographie.

Ethnologie (n. f.) : étude théorique des groupes humains. Elle privilégie la découverte de l'autre à travers la compréhension des faits marquants de sa culture. Pour de nombreux ethnologues*, la réflexion sur l'altérité* permet de mieux comprendre notre propre culture, nos propres valeurs et, bien souvent, nos préjugés*.

Ethnologique (adj.) : relatif à l'ethnologie*.

Ethnologue (n. f. et m.) : scientifique spécialiste de l'ethnologie*.

Éthologie (n. f.) : science qui étudie le comportement des animaux. Des scientifiques comme Buffon (1707-1788) au XVIIIe siècle, qui avait observé les mœurs des animaux dans son *Histoire naturelle*, ou l'Anglais Charles Darwin (1809-1882) au XIXe siècle, qui s'intéresse à l'origine des espèces, ont posé les jalons de l'éthologie. Mais il faut attendre les années 1930 pour qu'elle se constitue en tant que science, notamment grâce aux travaux du biologiste et zoologiste autrichien Konrad Lorenz (1903-1989).

Éthologique (adj.) : relatif à l'éthologie*.

Éthologue (n. f. et m.) : scientifique spécialiste de l'éthologie*.

Évolution (théorie de l') : explication biologique de l'origine et de la transformation des espèces, qui reconnaît que l'existence et les caractéristiques de celles-ci ne sont pas stables, mais varient au cours du temps. Initiée par Jean-Baptiste de Lamarck (1744-1829), la théorie de l'évolution est très ramifiée et regroupe en réalité plusieurs théories sensiblement différentes. Ses acquis les plus fondamentaux ont été l'œuvre de l'Anglais Charles Darwin (1809-1882), auteur de *L'Origine des espèces* (1859), qui propose d'expliquer le devenir des espèces en fonction de plusieurs facteurs : les pressions environnementales et la variation spontanée des propriétés biologiques. La combinaison de ces facteurs produit la sélection naturelle.

Métaphysicien (n. m.) : philosophe spécialisé en métaphysique*.

Métaphysique (n. f.) : partie de la philosophie qui réfléchit sur l'existence et ses causes premières.

Modèle (n. m.) : manière de représenter un ou plusieurs éléments de la réalité, au moyen de symboles, de nombres ou de figures.

Moraliste (n. f. et m.) : écrivain(e) qui s'intéresse au comportement humain et formule des jugements négatifs ou positifs à son égard.

Naturaliste (n. f. et m.) : spécialiste des sciences naturelles. Ce terme vaut surtout pour la période qui s'étend du XVIe au XIXe siècle, avant que le développement des sciences de la vie et de la Terre le remplace par des noms renvoyant à des spécialités plus précises. Les naturalistes étaient des scientifiques ou des amateurs éclairés qui s'intéressaient à l'ensemble des composants de la nature, animaux, végétaux et minéraux.

Néoplatonicien (adj. et n.) : qui appartient au néoplatonisme, lequel renouvelle la doctrine du philosophe grec Platon (v. 428-v. 348 av. J.-C.). Ce mouvement est initié par le philosophe gréco-romain Plotin (205-270) au IIIe siècle de notre ère et se poursuit ensuite durant la Renaissance.

Norme (n. f.) : du latin *norma* (« règle », « équerre »). Une norme est un principe de conduite auquel nous sommes censés nous conformer. Réfléchir aux normes, c'est questionner la conformité d'une action aux usages en vigueur et aux règles communément admises. Les normes n'ont donc rien à voir avec les lois de la nature. La conformité – et son opposé, la déviance – face aux normes constitue un des aspects fondamentaux des analyses sociologiques.

Notion (n. f.) : terme dont les enjeux et la signification sont complexes du point de vue philosophique.

Paradigme (n. m.) : au sens général, synonyme de modèle. Mais en un sens plus précis, un paradigme est un ensemble de représentations et de croyances qui servent de repère collectif à une époque donnée.

Polémique (adj.) : relatif au débat, en particulier aux querelles politiques et religieuses. La polémique peut parfois prendre des formes extrêmes d'affrontement, au point de déboucher sur la violence (en grec, *polémos* signifie « guerre »). Le registre polémique caractérise souvent les textes argumentatifs, notamment satiriques, qui visent à impliquer le destinataire et à le faire réagir. Voltaire (1694-1778) s'est particulièrement illustré dans ce registre.

Préjugé (n. m.) : du latin *præjudicium* (« action de juger à l'avance »). Un préjugé est une opinion préconçue admise sans preuve. Si un préjugé n'est pas nécessairement une erreur, il correspond souvent à des opinions toutes faites imposées par le milieu socioculturel ou l'époque. Les philosophes des Lumières ont ainsi voulu opposer aux préjugés ancestraux et aux croyances véhiculées par la tradition l'idéal d'une pensée rationnelle.

Principe (n. m.) : énoncé qui est posé comme fondement d'une démonstration ou d'un jugement.

Race (n. f.) : subdivision d'une espèce* animale. La race renvoie le plus souvent, au sein d'une espèce domestique, à des animaux ayant fait l'objet d'une sélection en fonction de critères fixés par l'être humain, qui cherche alors à éviter les croisements avec des individus de race différente.

Relativisme (n. m.) : doctrine* selon laquelle il n'existe pas de vérité absolue, dans aucun domaine, dans la mesure où la vision du monde dépend des individus et des circonstances.

Spécisme (n. m.) : manière de pensée de celui qui accorde plus de valeur aux membres de son espèce* qu'aux autres êtres vivants. Plus généralement, le spécisme consiste à raisonner uniquement par l'intermédiaire de catégories englobantes et à traiter un animal comme un simple échantillon de son espèce, plutôt que comme un individu sensible. À l'époque actuelle, les défenseurs des droits des animaux ont initié un mouvement d'*antispécisme*, c'est-à-dire de lutte contre la discrimination exercée par l'être humain à l'encontre des autres espèces vivantes.

Théologie (n. f.) : ce terme, qui provient du grec classique, est utilisé par le philosophe Platon (v. 428-v. 348 av. J.-C.) pour désigner un discours sur la recherche de Dieu ou des dieux, par la voie du *logos*, c'est-à-dire de la raison. Dans un sens plus général, la théologie est la connaissance de la foi, des systèmes de croyances et des dogmes religieux.

Théologien (n. m.) : spécialiste de théologie*.

CARNET DE CITATIONS

Leon Battista Alberti, *Traité de la peinture* (1435)

La peinture a donc en elle-même ce mérite que les artistes consommés, lorsqu'ils voient leurs œuvres admirées, comprennent qu'ils sont presque égaux à un dieu.

Nicolas Copernic, *Commentariolus* (1514)

Le centre de la Terre n'est pas le centre du monde […].

Érasme, *Les Antibarbares* (1518)

Que peut-on attendre d'autre d'un maître ignorant, dis-moi, qu'un élève plus ignorant encore ? […] Mais puisque l'esprit est transvasé dans l'esprit et l'intelligence façonnée par l'intelligence, il est impossible que l'élève ne reproduise pas son maître, qui est comme le parent de son esprit.

Albrecht Dürer, *Traité des proportions* (1528)

[…] il faut d'abord donner à l'ensemble de bonnes et superbes proportions. Et ensuite chaque partie doit être habilement exécutée avec une attention particulière dans les plus petits détails comme dans les plus grands morceaux, si nous voulons extraire quelque chose de la beauté qui nous est donnée [par la nature] afin de nous rapprocher du juste but.

François Rabelais, *Gargantua* (1534)

À l'exemple de ce chien, il vous convient d'avoir la sagesse de flairer, sentir et estimer ces beaux livres de haute graisse, légers à l'approche et hardis à la rencontre ; puis par une lecture minutieuse et une méditation assidue, de rompre l'os et sucer la substantifique moelle […].

Joachim Du Bellay, *Défense et illustration de la langue française* (1549)

Le temps viendra […] que notre langue […] qui commence encore à jeter ses racines, sortira de terre, et s'élèvera en telle hauteur et grosseur, qu'elle se pourra égaler aux mêmes Grecs et Romains […].

Jean de Léry, *Histoire d'un voyage fait en la terre du Brésil* (1578)

[…] les sauvages de l'Amérique, habitant la terre du Brésil, nommés *Toüoupinambaoults*, avec lesquels j'ai demeuré environ un an et que j'ai fréquentés familièrement, n'étant point plus grands, plus gros, ou plus petits de stature que nous sommes en Europe, n'ont le corps ni monstrueux ni prodigieux par rapport au nôtre.

Michel de Montaigne, *Essais* (1580)

Or je trouve, pour revenir à mon propos, qu'il n'y a rien de barbare et de sauvage en cette nation, à ce qu'on m'en a rapporté, sinon que chacun appelle barbarie ce qui n'est pas de son usage ; comme de vrai, il semble que nous n'avons autre mire de la vérité et de la raison que l'exemple et idée des opinions et usances du pays où nous sommes.

Giordano Bruno, *Le Banquet des Cendres* (1584)

TEOFILO. – […] Nundinio […] ne pourra jamais établir (fût-ce avec une demi-probabilité) que notre univers corporel ait une limite, et que par conséquent les astres contenus dans son espace soient en nombre fini. Ni que cet univers connaisse un centre et milieu naturellement déterminé.

Galilée, *Dialogue sur les deux grands systèmes du monde* (1632)

SALVIATI. – Considérons d'abord simplement l'immense masse que constitue la sphère étoilée comparée à la petitesse du globe terrestre, qui y est contenu plusieurs millions de fois, pensons en outre quelle vitesse doit avoir son mouvement de révolution complète en un jour et une nuit ; pour ma part, je ne puis me persuader que ce soit plus raisonnable et facile à croire : la sphère céleste ferait le tour et le globe terrestre resterait immobile !

René Descartes, *Discours de la méthode* (1637)

Car c'est une chose bien remarquable, qu'il n'y a point d'hommes si hébétés et si stupides, sans en excepter même les insensés, qu'ils ne soient capables d'arranger ensemble diverses paroles, et d'en composer un discours par lequel ils fassent entendre leurs pensées ; et qu'au contraire, il n'y a point d'autre animal, tant parfait et tant heureusement né qu'il puisse être, qui fasse le semblable.

Cyrano de Bergerac, *L'Autre Monde ou les États et Empires de la Lune* (1657)

[…] il n'est pas difficile de se figurer de la terre, du feu, de l'eau, de l'air, des astres, des cieux. Or, l'infini n'est rien qu'une tissure sans bornes de tout cela.

Jean de La Fontaine, « Discours à Madame de La Sablière » (1679)

Quand la Perdrix
Voit ses petits
En danger, [...],
Elle fait la blessée, et va traînant de l'aile,
Attirant le Chasseur, et le Chien sur ses pas,
Détourne le danger, sauve ainsi sa famille ;
[...].

Daniel Defoe, *Robinson Crusoé* (1719)

Pourquoi, me demandais-je, plaît-il à Dieu de cacher cette connaissance salutaire à tant de millions d'âmes qui, à en juger par ce pauvre sauvage, en auraient fait un meilleur usage que nous ?

Montesquieu, *Lettres persanes* (1721)

Mais, si quelqu'un, par hasard, apprenait à la compagnie que j'étais Persan, j'entendais aussitôt autour de moi un bourdonnement : « Ah ! ah ! Monsieur est Persan ? c'est une chose bien extraordinaire ! Comment peut-on être Persan ?

Marivaux, *L'Île des esclaves* (1725)

ARLEQUIN. – [...] Dans le pays d'Athènes j'étais ton esclave, tu me traitais comme un pauvre animal, et tu disais que cela était juste, parce que tu étais le plus fort.

Voltaire, *Candide ou l'Optimisme* (1759)

Candide demanda à voir la cour de justice, le parlement ; on lui dit qu'il n'y en avait point, et qu'on ne plaidait jamais. Il s'informa s'il y avait des prisons, et on lui dit que non.

Denis Diderot, « Salon de 1763 » (1763)

Pour regarder les tableaux des autres, il semble que j'aie besoin de me faire des yeux ; pour voir ceux de Chardin, je n'ai qu'à garder ceux que la nature m'a donnés et m'en bien servir.

Voltaire, *Dictionnaire philosophique* (1769)

Mais les nations policées ne l'ont pas toujours été, toutes ont été longtemps sauvages [...].

Louis Sébastien Mercier, *L'An 2440. Rêve s'il en fût jamais* (1771)

Ils brûlaient tous de m'interroger, mais la discrétion enchaînait leur langue ; ils se contentaient de dire tout bas : « Un homme du siècle de Louis XV ! oh, que cela est curieux ! »

Dumarsais, « Philosophe » (1751-1772)

Le philosophe est une machine humaine comme un autre homme ; mais c'est une machine qui, par sa construction mécanique, réfléchit sur ses mouvements. Les autres hommes sont déterminés à agir sans sentir ni connaître les causes qui les font mouvoir, sans même songer qu'il y en ait.

Buffon, *Histoire naturelle* (1749-1788)

[Les animaux] ont le sentiment, ils l'ont même à un plus haut degré que nous ne l'avons ; ils ont aussi la conscience de leur existence actuelle, mais ils n'ont pas celle de leur existence passée ; ils ont des sensations, mais il leur manque la faculté de les comparer, c'est-à-dire la puissance qui produit les idées [...].

Jeremy Bentham, *Introduction aux principes de morale et de législation* (1789)

Peut-être admettra-t-on un jour que le nombre de pattes, la pilosité ou la terminaison de l'os sacrum sont des raisons tout aussi insuffisantes d'abandonner un être sentant à ce même sort [la torture].

Emmanuel Kant, *Vers la paix perpétuelle* (1795)

[...] des parties du monde éloignées peuvent entrer pacifiquement en relations mutuelles, relations qui peuvent finalement devenir publiques et légales et ainsi enfin rapprocher toujours davantage le genre humain d'une constitution cosmopolitique.

Denis Diderot, *Supplément au Voyage de Bougainville* (1796)

Laisse-nous nos mœurs ; elles sont plus sages et plus honnêtes que les tiennes ; nous ne voulons point troquer ce que tu appelles notre ignorance, contre tes inutiles lumières.

Hegel, *Esthétique* (1835-1837)

C'est que l'art, limité dans ses moyens d'expression, ne peut produire que des illusions unilatérales, offrir l'apparence de la réalité à un seul de nos sens ; et, en fait, lorsqu'il ne va pas au-delà de la simple imitation, il est incapable de nous donner l'impression d'une réalité vivante ou d'une vie réelle : tout ce qu'il peut nous offrir, c'est une caricature de la vie.

Jean-Claude Carrière, *La Controverse de Valladolid* (1992)

SÉPULVÉDA. – Je ne nie pas leur condition humaine. Ce serait absurde. Je dis simplement qu'ils sont au plus bas étage de cette condition. Au sens où Aristote l'entend. Je dis que leur ignorance et leur naïveté n'ont pas de mesure.

LAS CASAS. – […] Comment affirmer que leur expression est très inférieure à la nôtre, sinon pour nous donner le droit de la détruire ? Car c'est ce que nous faisons, depuis le début ! Nous brûlons leurs écritures ! Nous cassons leurs statues ! Nous barbouillons leurs fresques !

Jane Goodall, « De Gombe à l'éveil des consciences » (2016)

Vous savez ce que l'on dit, un homme qui aime les animaux ne peut pas être foncièrement mauvais. Je pense que les animaux révèlent notre identité profonde.

Notes et citations

Notes et citations

Notes et citations

Cet ouvrage a été mis en pages par

<pixellence>